KB240748

빛깔있는 책들 103-45

# 화엄사

글/정병삼, 김봉렬, 소재구 ● 사진/손재식

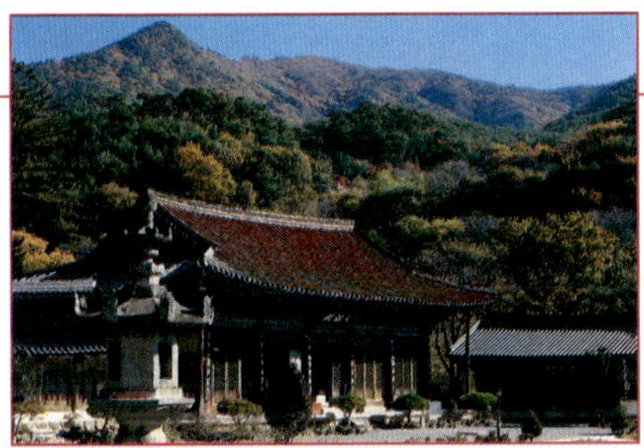

대원사

정병삼(연혁) ───────────
서울대학교 인문대학 국사학과를 졸업하고 동대학원에서 박사과정을 졸업하였다(한국불교사 전공). 1983년부터 간송미술관 연구원을 거쳐 1991년부터 숙명여자대학교 문과대학 한국사학과 교수로 재직하고 있으며, 간송미술관 연구위원으로 있다. 저서로는 『의상 화엄사상 연구』, 『그림으로 보는 불교이야기』, 『일연과 삼국유사』 등이 있으며, 주요 논문으로는 「통일신라 관음신앙」, 「의상 화엄사상의 사회적 의의」, 「통일신라 불교 철학」, 「진경시대 불교의 진흥과 불교문화의 발전」, 「추사의 불교학」 등이 있다.

김봉렬(건축) ───────────
서울대학교 건축학과를 졸업하고 동대학원에서 박사학위를 받았다. 울산대학교 건축학과 교수와 문화 관광부 문화재전문위원, 김수근 문화재단 전문위원, 한국건축역사학회 상임이사 등을 역임하였다. 현재는 한국예술종합학교 미술원 건축과 교수로 있다. 주요 저서로는 『한국건축의 재발견』(전3권), 『한국의 건축—전통 건축편』, 『법주사』, 『한국 건축과 만남』(전3권) 등이 있고 한국 건축에 관한 30여 편의 연구 논문과 다수의 현대 건축 비평들이 있다.

소재구(유물) ───────────
국민대학교 국사학과와 한국정신문화연구원 한국학 대학원에서 박사과정을 수료하였다. 현재 국립중앙박물관 학예연구실에 근무하고 있으며 「원각사지 10층석탑의 연구」, 「동문선의 불탑자료」, 「우리나라의 불탑」, 「고달원지 승탑편년의 재고」 등 여러 편의 논문이 있다.

손재식(사진) ───────────
신구대학교 사진학과를 졸업하고 불교 문화와 자연을 소재로 하는 작업을 주로 해오고 있다. 그동안 십여 권의 빛깔있는 책들에 이와 관련된 사진을 실었고 웅진출판사의 『한국의 자연탐험』 작업에 참여하였다. 현재 『사람과 산』의 객원 편집위원으로 있다.

# 화엄사


천년의 화엄 성지, 화엄사　　　　8

화엄사의 역사　　　　11

화엄사의 건축　　　　43

화엄사의 유물　　　　99

화엄사 가는 길　　　　140

참고 문헌　　　　142


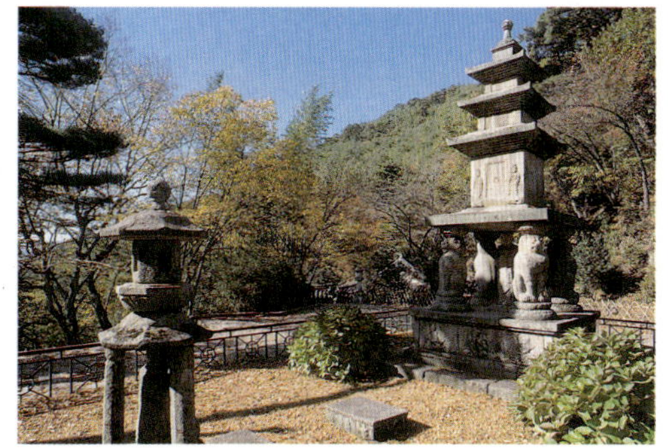

# 화엄사

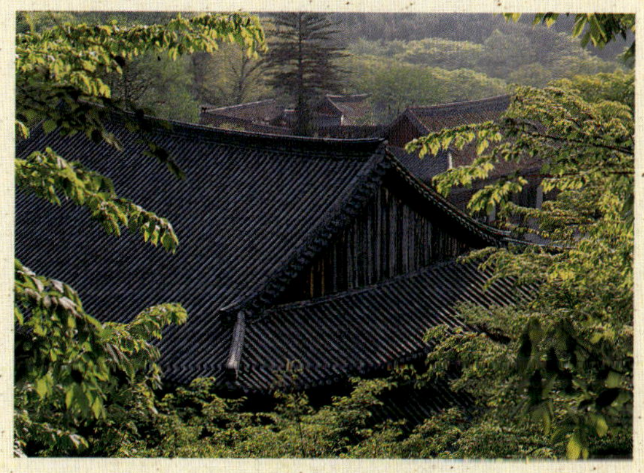

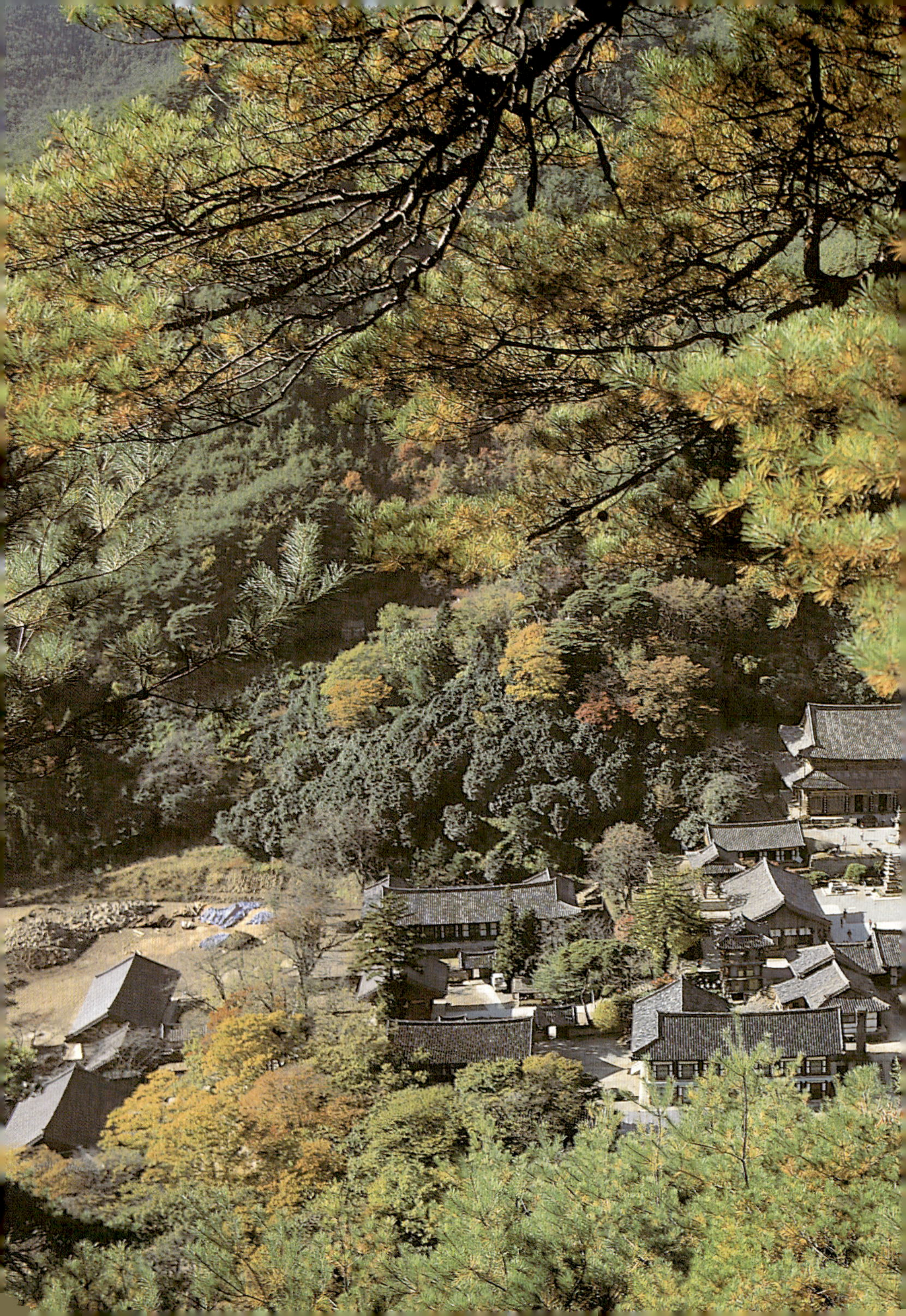

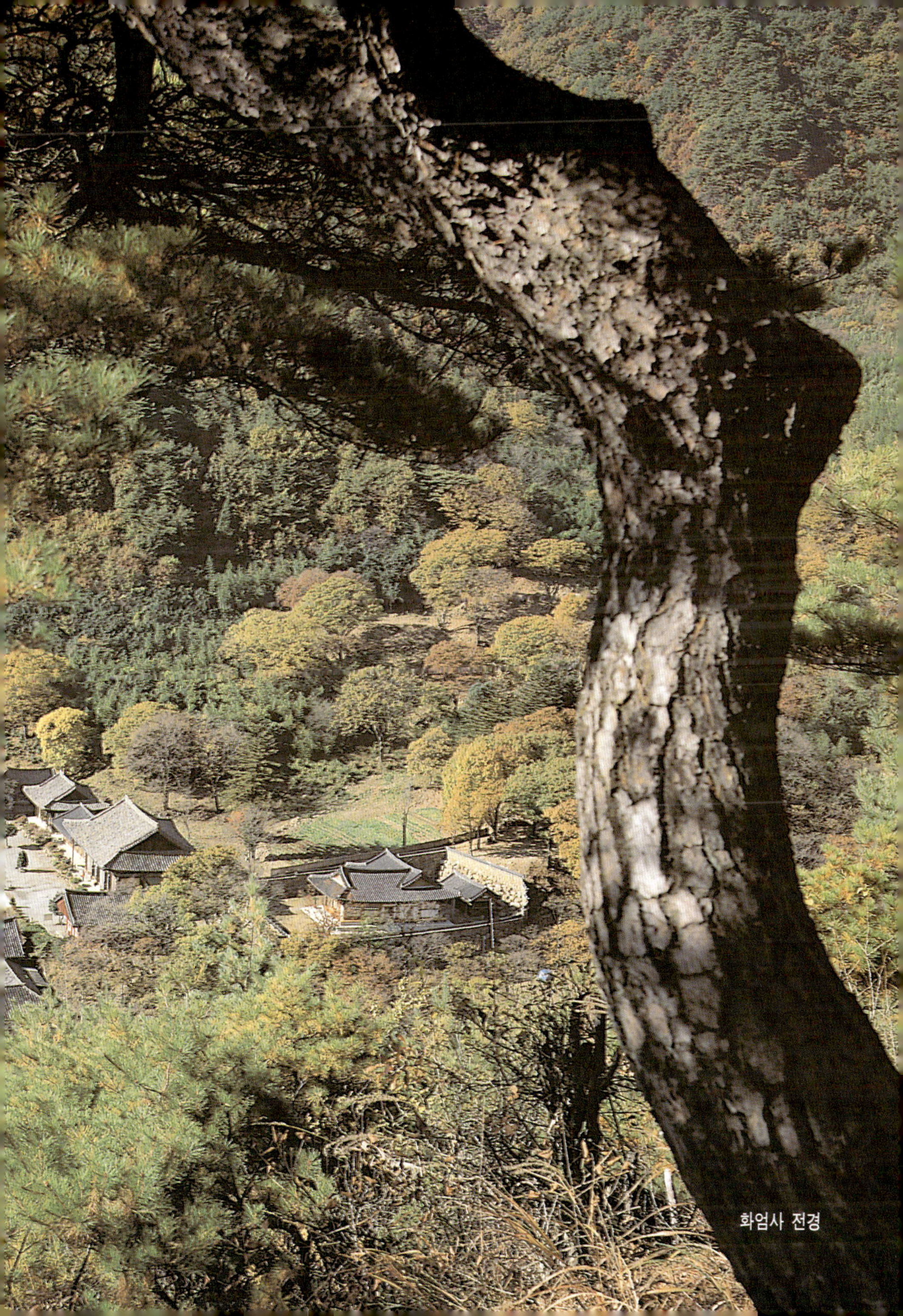

화엄사 전경

# 천년의 화엄 성지, 화엄사

화엄사(華嚴寺)는 신라 불교의 중심 사상인 화엄의 근본 도량의 하나로 웅대한 지리산 남쪽 기슭에 위치한 유서 깊은 명찰이다. 진흥왕 때 연기(緣起)조사가 창건하였다고 전하는데, 실제로 역사에 뚜렷한 자취를 남긴 것은 통일신라시대인 8세기 이후이다. 신라 문화가 꽃을 피우던 755년 경주 황룡사에 적을 둔 연기조사가 80권의 『화엄경』을 사경(寫經)하는 작업을 주도하였다. 아마도 이곳 화엄사에서 이루어진 것으로 보이는 이 화엄 사경 작업은 참여자들이 정결한 마음가짐과 강건한 필치로 한 자 한 자 정성들여 써낸 것으로 천년이 훨씬 넘은 소중한 유물이다.

연기조사는 『화엄경』과 기신론(起信論)에 관한 수준 높은 저술을 남긴 고승이다. 그래서 화엄사는 8세기 중엽 화엄종의 대찰로서 위상을 세우게 되었다. 장엄한 장륙전(丈六殿)에는 사방 벽에 화엄경을 돌에 새겨 둘렀고 4사자3층석탑(四獅子三層石塔)과 같은 뛰어난 조형미를 탄생시켰다. 이어 9세기에는 다양한 조각과 전통적인 형태로 서로 대비되는 동서 5층석탑을 세울 수 있었다.

신라 화엄종의 종찰인 태백산의 부석사(浮石寺)는 신라 화엄의 창립

자 의상(義相)의 적통(嫡統)을 계승하며 신라 불교계를 이끌었다. 이에 비해 지리산의 화엄사는 의상의 화엄을 주축으로 하면서도 기신론과의 조화를 꾀하는 등 포용적인 관점을 지향하며 독창적인 면모를 이루고 있었다. 그래서 신라 말에는 북악(北岳) 부석사와 남악(南岳) 화엄사가 서로 다른 사상적 견해를 보였다가 고려에 들어서 하나로 종합되었다. 신라 말에 활동한 선사들 가운데 도선(道詵), 낭원(朗圓), 선각(先覺), 통진(洞眞) 대사 등 이름 높은 선사들이 화엄사를 터전으로 화엄을 공부하고 계를 받았던 일은 화엄에서 선종으로 자연스레 진전된 사상적 전환의 일면을 보여 준다.

화엄사의 이름난 사상과 조형은 고려시대에 들어 대각(大覺) 국사 의천(義天)이 이곳을 순례(巡禮)하면서 연기조사를 기리는 시를 읊게 하였으며, 화엄사 승려들은 왕성한 학맥의 전통을 계승하여 전적(典籍) 편찬 작업에도 참여하였다. 그래서 조선 초 전국의 사원을 선교(禪敎) 양종 36사로 정리할 때 화엄사는 전라도 선종을 대표하는 두 사원 가운데 하나로 명맥을 유지하였다.

임진왜란이 일어나자 화엄사에서는 사부대중(四部大衆)이 의승군에 참여하여 나라를 지켜냈다. 그뒤 조선 불교계의 부흥을 주도하였던 벽암(碧巖) 대사는 대웅전을 비롯한 화엄사의 중창에 힘써 오늘과 같은 모습을 갖추었고, 숙종 때 계파(桂坡) 대사는 웅장한 각황전을 중건하였다. 이로써 선교 양종 대가람의 위상을 갖춘 화엄사는 승군들의 자휘부를 계승함과 동시에 강학(講學)과 수선(修禪)의 학풍을 드날리면서 근대에 이르러 31본산의 자리에 오르는 등 국중 대찰의 명성을 부단히 이어왔다.

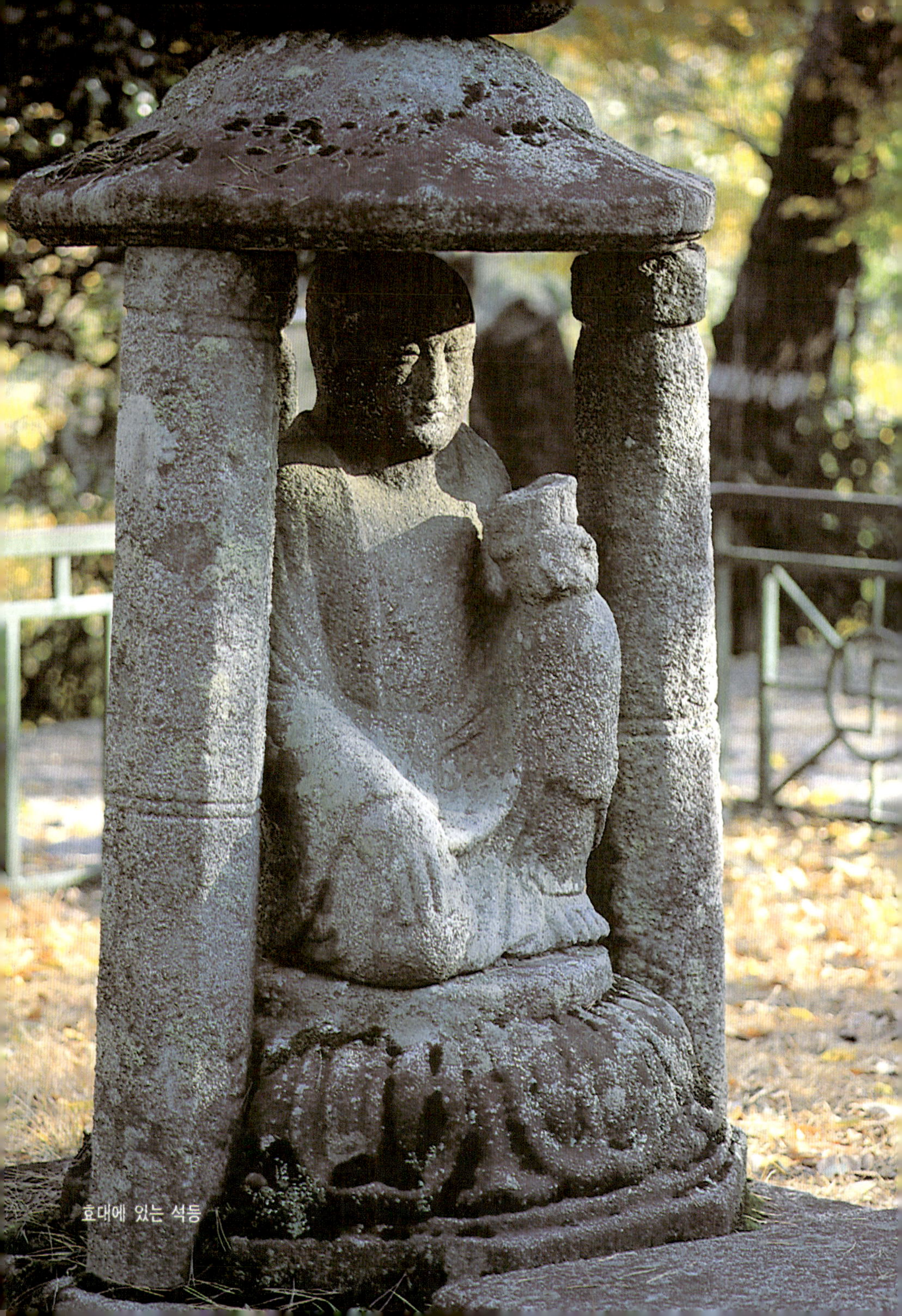

효대에 있는 석등

# 화엄사의 역사

　화엄사는 남녘의 지리산에 자리하고 있다. 지리산은 넓은 품을 가졌기에 항상 풍성함이 있고 남녘 끝을 박아선 상대한 기상에는 신령스러운 기운이 서리서리 담겼다고 믿어져 왔다. 그래서 신선들이 모여 사는 봉래(蓬萊)·방장(方丈)·영주(瀛州)의 삼신산(三神山) 가운데 하나로 손꼽히기도 하였고, 신라 이래 국가에서 가장 중요한 명산 대천으로 지목받아 제사지내던 다섯 산 가운데 하나로, 남쪽에 있다 하여 남악이라 불려 왔다. 지금도 화엄사 초입에는 남악사(南岳祠)라는 제당이 남아 있다.

　지리산 자락은 품이 넓은 만큼 절도 많지만, 그 가운데 화엄사가 제일로 손꼽히는 명찰이다.

　화엄(華嚴)이란 세상의 아름다운 꽃들은 물론 이름 없는 온갖 꽃들을 포함한 꽃들의 장엄(莊嚴)을 말한다. 우리가 사는 이 세상은 아름다운 일들이 많아 우리의 심신을 기쁘고 안락하게 해주지만 그에 못지않게 힘들고 어려운 일들도 많다. 화엄 세계에는 이 모든 것이 들어 있다. 그 속에서 우리는 서로에게 의지하며 함께 살고 있다. 연기(緣起)의 안목으로 세상을 살펴보면 이처럼 그물같이 서로 긴밀하게 짜여 있

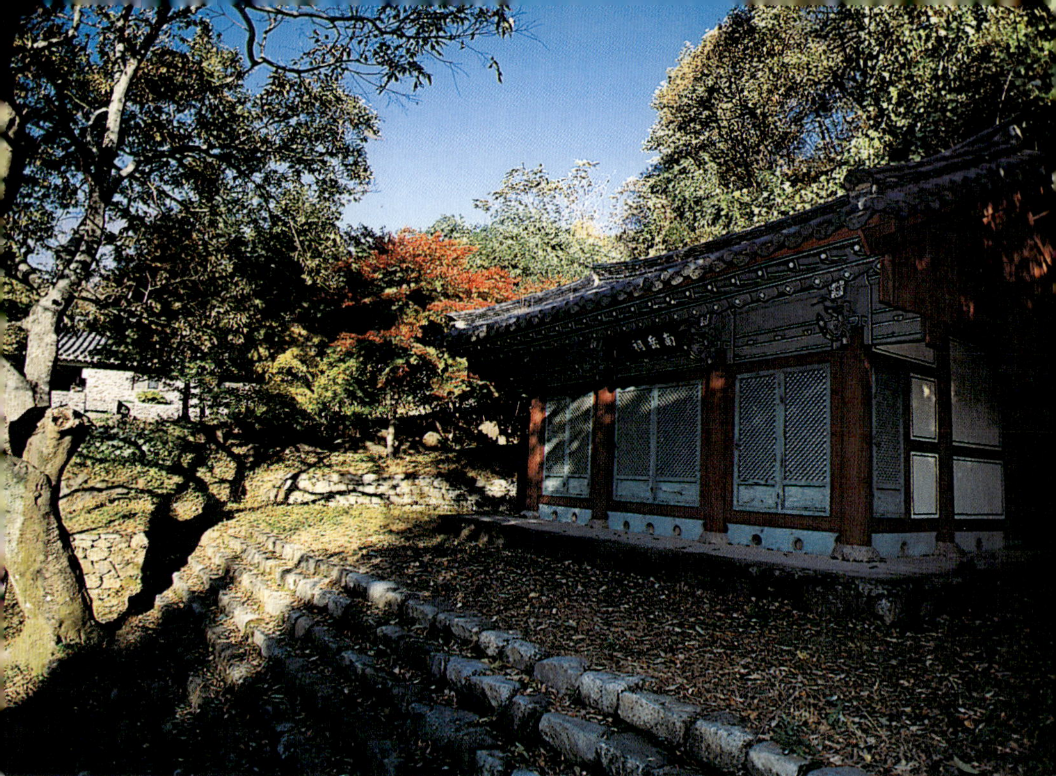

**남악사 전경**  신라 이래 국가에서 명산 대천으로 지목받아 제사지내던 곳으로 화엄사 초입
에 있다.

음을 알 수 있다.

　우리는 이 세계를 정화된 세상으로 만들기 위해 노력한다. 그 수행의
과정이 십지(十地)이고 선재 동자가 구현해 보인 것이 그 구도행이다.
그렇게 하여 정화된 아름다운 세상이 화엄불국토(華嚴佛國土)이다. 이
런 것들을 일러 '화엄의 세계'라고 한다.

### 신라 화엄과 의상대사

　의상(義相, 625~702년)은 일찍이 화엄 사상을 우리나라에 널리 편
신라시대의 고승이다. 원효(元曉) 대사와 함께 신라에 불교 철학을 확
립하고 본격적인 불교 시대를 열었기 때문에 으레 이 두 분을 나란히

거론하기도 하며, 우리나라 대부분의 절에서는 이 두 분의 자취를 주요한 사적으로 담고 있다.

의상은 『법계도(法界圖)』를 지어 화엄 사상을 체계화시켰으며, 신라 불교 철학의 새로운 단계를 열었다. 그리고 관음(觀音) 신앙과 미타(彌陀) 신앙을 신라 사회에 정착시켜 사회 전반의 교화(敎化)를 이끌면서 청정한 수도행을 실천해 보였던 고승이다. 그는 중국에 건너가서 지엄(智儼)의 문하에서 중국 화엄종을 완성한 법장(法藏)과 동문 수학하였다. 그렇게 연마한 화엄 교학의 정수를 『법계도』, 곧 『일승법계도(一乘法界圖)』로 엮어내었다. 『일승법계도』는 상징적인 형태의 도인(圖印)에 화엄 사상의 핵심적인 내용을 담아 화엄 일승 법계의 연기 구조를 중도(中道)적 입장에서 치밀한 구성으로 특색있게 전개한 것이다.

의상은 이 『법계도』를 중심으로 화엄 교학을 강론하며 조직화된 교학 체계를 전수하였다. 그리고 신라가 삼국통일을 완수한 문무왕 16년(676)에는 국가의 지원을 얻어 태백산에 부석사를 창건하였다. 반대 세력 수백 명이 방해하는 어려움 속에서 창건된 부석사에는 의상을 외호하던 선묘룡(善妙龍)이 창건을 도왔다는 설화가 전한다. 그뒤 의상은 부석사를 중심으로 태백산과 소백산의 천연 동굴이나 초려(草廬)에서 제자들과 화엄 사상을 연마해 나갔다.

의상은 사상의 이해에만 그치지 않고 그 이론의 실천을 중시하며 열심히 수련하였다. 그가 평소 실천하였다는 세예법(洗穢法)은 몸을 씻고 나서 수건을 쓰지 않고 그냥 마르도록 서서 기다릴 정도의 청정행이었다. 그리고 삼의 일발(三衣一鉢, 수행하는 비구가 갖추어야 할 삼의와 발우) 외에 아무런 지물(持物)도 갖지 않는 청정 지계행(持戒行)을 앞장서서 실천하였다. 국왕이 그를 흠모하여 토지와 노비를 주어도 "불법(佛法)은 평등하여 위아래 사람이 함께 나누어 쓰고 귀하고 천한 사람이 함께 지켜 나가는 것이어서, 사문은 법계(法界)로 집을 삼고 발우(鉢盂)로 농사 지어 법신(法身)의 혜명(慧命)이 이 몸을 의지해 사는 것일 뿐"이라며 이를 거절하였다.

의상은 청정한 수행인의 자세를 개인 차원에 한정하지 않고 새로운 의식을 열망하던 당시 신라 사회 전반에 광범위하게 전개시킴으로써 시대를 선도해 나가고자 하였다. 그래서 그의 화엄 사상 체계와 상호 보완 관계를 이루는 신앙을 그 실천 행동으로 선택하고 당시 신라 사회 전반에 무르익어 가던 관음 신앙과 미타 신앙을 『화엄경』의 교설을 바탕으로 정립하고 중심적인 지향처로 삼아 광범위하게 전개해 나갔다.

관음 신앙은 현실의 갖가지 어려움에 처한 사람들이 간절히 기원할 때 그 어려움을 관세음보살이 들어준다는 현실 구제적인 신앙이다. 의상은 이를 관념적인 차원에서 끌어내려 보다 확실한 기반 위에 정착시키고자 『화엄경』에 토대를 둔 진신 상주(眞身常住) 관음 신앙을 펴 보였다. 이에 대해서는 "두 차례의 지극한 7일 정진 끝에 우리나라 동해변 낙산(洛山) 굴에 관음의 진신이 살고 있음을 확인한 뒤, 낙산사(洛山寺)에 금당을 짓고 관음상을 모셨다"는 설화가 전해진다. 이 땅의 대중을 구제하고자 실제로 신라 땅 낙산에 머물고 있는 관음을 확인시켜 주었던 진신 상주 신앙은 관음 신앙의 수행자들에게 보다 구체적으로 자신의 구제를 확신할 수 있게 하였다.

의상이 개창한 화엄종찰(華嚴宗刹) 부석사는 『관무량수경(觀無量壽經)』의 경설(經說)에 기반을 두어 구품(九品)을 거쳐 무량수전(無量壽殿)의 극락 세계에 이르도록 하였고, 본당 무량수전에는 종찰의 주불로 아미타불 한 분만을 모셨다. 세속적 현실의 이면을 직시함으로써 자신을 정화하고 나아가 적극적으로 사회의 정화에 매진하여 얻는 즐거움이 바로 극락 정토이며, 이것을 수행자의 도량에서 실체화시켜 나타낸 것이 부석사 가람이다. 의상이 화엄 종단을 중심으로 펼친 미타 신앙은 신라 사회에 미타 신앙이 크게 정착되는 중요한 바탕이 되었다.

이렇게 화엄 사상을 교리로 삼고 관음과 미타 신앙을 실천한 의상 문하의 승려들과 신도들에 의해 화엄종은 신라 사회에 자리잡게 되었다. 그래서 의상은 '해동화엄 초조(海東華嚴初祖)'라고 일컬어졌다.

### 화엄십찰과 십성

의상이 정립한 화엄 사상을 널리 편 대찰로 전국에는 화엄십찰(華嚴十刹)이 있었고 의상 문하의 뛰어난 제자들로 십성(十聖)이 있었다고 전한다. 그러나 십찰이 모두 의상 당대나 직계 제자대에 이루어진 것은 아니며, 십성으로 불리는 인물들도 모두 의상의 직계 제자들은 아니다.

의상은 『법계도』를 중심으로 여러 제자들에게 화엄 사상을 세세하게 강의하여 화엄 교학의 왕성한 분위기를 이어가게 하였다. 『법계도』에 대한 의상 제자들의 주석서를 모아 신라 화엄의 성과를 집대성한 것이 『법계도기총수록(法界圖記叢髓錄)』이다. 이 책을 통해 부석사와 태백산, 소백산 등지에서 이루어진 강의를 바탕으로 의상의 제자들이 대를 이어 신라 화엄 교학의 주류를 이루어 간 자취를 찾아볼 수 있다.

『삼국유사(三國遺事)』에는 의상의 십대제자, 곧 십성을 오진(悟眞)·지통(智通)·표훈(表訓)·진정(眞定)·진장(眞藏)·도융(道融)·양원(良圓)·상원(相源)·능인(能人)·의적(義寂)이라 하였다. 이 밖에도 최치원이 지은 『법장화상전(法藏和尙傳)』에는 진정·상원·양원·표훈을 네 사람의 뛰어난 제자 곧 "사영(四英)"이라 하였고, 『송고승전(宋高僧傳)』「의상전」에는 지통·표훈·범체(梵體)·도신(道身)을 "깊은 뜻을 깨쳐 경지에 오른 뛰어난 자(登堂覩奧者)"라 하였다.

이들은 아성(亞聖, 성인에 버금가는 사람)이라고 불릴 만큼 각기 뛰어난 역량으로 당시 불교계를 이끌어 간 의상의 후예들이다. 다만 이들이 반드시 열 명의 제자로 한정된 것은 아니고 실제로는 열 명 넘게 거명되어, '십성'이라는 말이 뛰어난 고제(高弟)를 헤아리는 대표적인 칭호로 일컬어졌음을 알 수 있다. 뿐만 아니라 이들 전법 십성과 함께 의상 전교 활동의 왕성함을 말해 주는, 흔히 화엄십찰이라 부르는 전교 십찰(傳敎十刹)에 대해 살펴볼 필요가 있다.

십찰이라고는 하나 『삼국유사』 「의상전교(義湘傳敎)」에서 서술하고 있는 의상의 전기에는 부석사, 비마라사(毘摩羅寺), 해인사(海印寺), 옥천사(玉泉寺), 범어사(梵魚寺), 화엄사 여섯을 전교 사찰로 들었고 『법장화상전』에서는 이 밖에 미리사(美理寺), 보광사(普光寺), 보원사(普願寺), 갑사(岬寺), 화산사(華山寺), 국신사(國神寺), 청담사(靑潭寺)를 더 들었다. 여기서 알 수 있는 것은 전교십찰 역시 실제로 열 개의 종찰이 아니라는 점이다. 뿐만 아니라 이곳 화엄사는 8세기 중엽 연기조사의 주도 아래 대찰로 중창된 것으로 생각되며, 해인사 역시 9세기 초반 애장왕의 지원을 받아 대찰로 등장한 것으로 보인다. 이를 통해 볼 때 십찰 모두가 의상 당대에 이루어진 것은 아니며, 아마도 의상이 화엄 종사로 추앙되던 신라 후대에 당시 손꼽히던 화엄종찰들을 십찰로 꼽았으리라고 보는 것이 타당하다.

이처럼 화엄사는 의상대사가 직접 창건한 사원은 아니다. 화엄사는 의상이 이끈 화엄 사상이 신라 사회에 크게 영향력을 미쳤을 때 화엄 대찰로 등장하였고, 특히 신라 후기에 부석사, 해인사와 겨루는 화엄종찰로 입지를 명확히 하면서 명성을 드날렸다.

## 화엄사의 내력과 사적기

화엄사에는 잘 정비된 두 가지 사적기가 있어 내력을 아는 데 큰 도움을 준다. 하나는 중관대사(中觀大師) 해안(海眼, 1567~?년)이 인조 14년(1636)에 편찬한 『호남도 구례현 지리산 대화엄사사적(湖南道求禮縣智異山大華嚴寺事蹟)』이며 또 하나는 1924년에 당시 화엄사 주지였던 정만우(鄭曼宇) 스님이 편찬한 『해동 호남도 지리산 대화엄사사적

(海東湖南道智異山大華嚴寺事蹟)』이다.

중관대사는 조선 후기 불교계의 태두인 서산대사의 고족제자로, 당시 나옹(懶翁) 계와 태고(太古) 계로 나누어져 논란이 많던 고려 말에서 서산까지 이어지던 법맥을 태고(太古)—환암(幻庵)—구곡(龜谷)—등계(登階)—벽송(碧松)—부용(芙蓉)—서산(西山)으로 한정시켜 서산 문하의 견해를 통일함으로써 그뒤 조선 불교계의 법맥을 온통 한줄기로 만든 인물이다. 중관이 7년 만에 펴낸 사적기보다 한 갑자 뒤인 숙종 22년(1696)에 많은 불서들을 편찬했던 백암 성총(栢庵性聰, 1631~1700년)이 다시 판각하여 이듬해 찍어낸 것이 남아 있다.

우리나라 사적기 가운데 비교적 초기에 편찬된『호남도 구례현 지리산 대화엄사사적』은 상당히 방대한 분량이다. 그러나 사적기의 내용 모두가 화엄사에 관한 것만으로 이루어진 것은 아니다. 삼국시대 이래 한국 불교사에 남을 만한 중요한 사실들이 오히려 더 많은 분량을 차지한다. 그리고 군데군데 화엄사와 관련 있는 일들이 기록되어 있다.

여기에는 먼저 화엄사가 위치한 구례의 연혁에서부터 시작하여 지리산의 지리적 위치, 법흥왕대의 불법(佛法) 시행 사실을 서술한 뒤 진흥왕 5년(544)에 창건되었다고 기록되어 있다. 그 다음에는 임진왜란으로 화엄사가 폐허가 되자 화엄사 대중들이 의논하여 나묵(懶默)을 보내 중관 자신에게 사적기 편찬을 부탁한 연유를 적었다. 이어서 석가의 생애와 중국의 불교 수용 및 전파 그리고 자장에 대한 전기를 서술하면서 그 말미에 화엄사에도 사리를 안치하였음을 기록하여 놓았다. 다음에는 화엄사가 도선(道詵, 827~898년)이 비정한 3,800개의 비보 사찰 가운데 하나임을 꼽고는 비문 등 장문의 도선 전기와 도선이 월유산(月遊山) 화엄사에서 대장경을 공부하였다는 사실도 덧붙여 놓았다. 다음에는 다시 소도(蘇塗, 삼한 때 하늘에 제사지내던 성지)에 대한 서술이 있고, 중국 승려인 담시(曇始)의 전교와 아도, 법흥왕, 순도, 마라

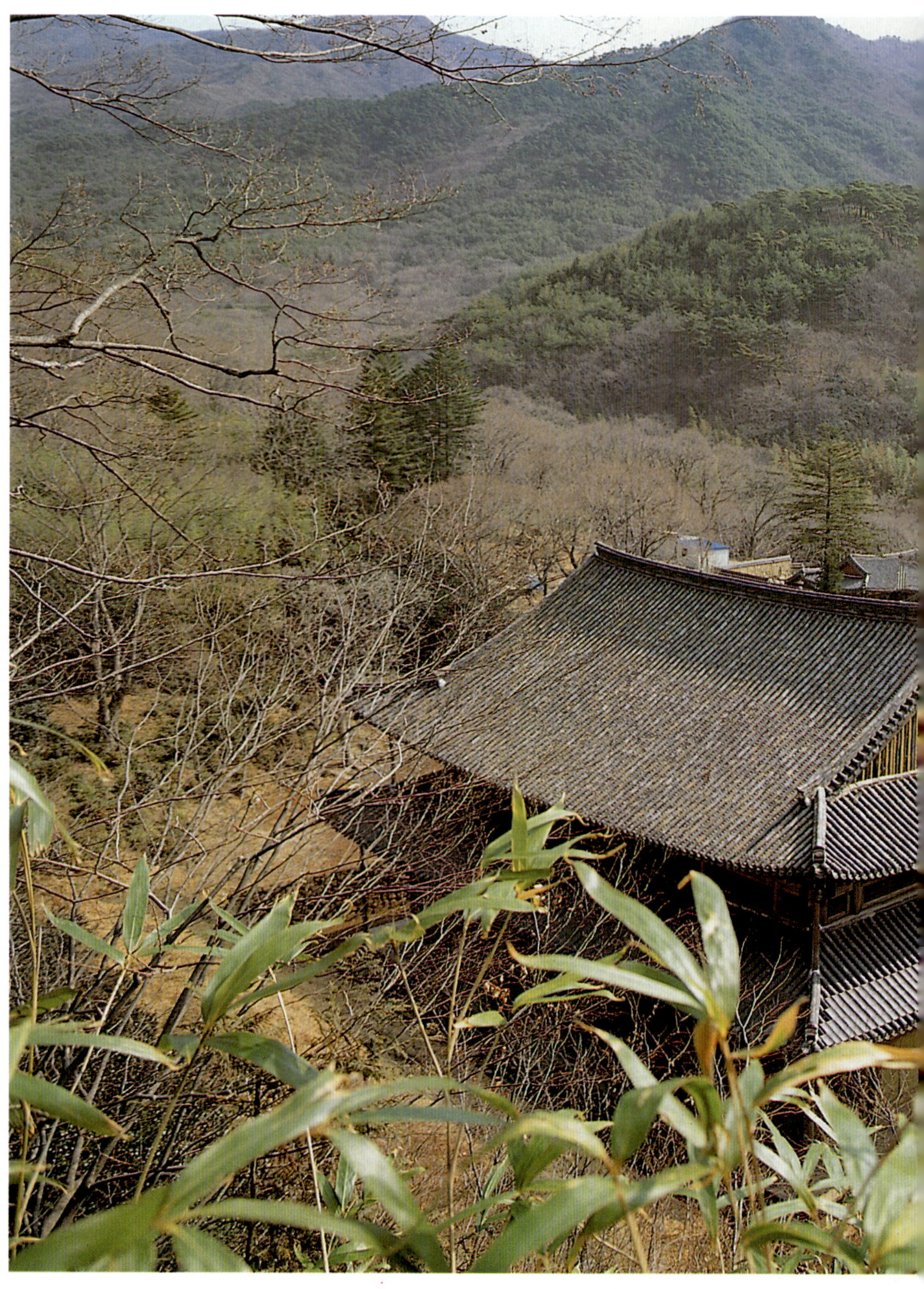

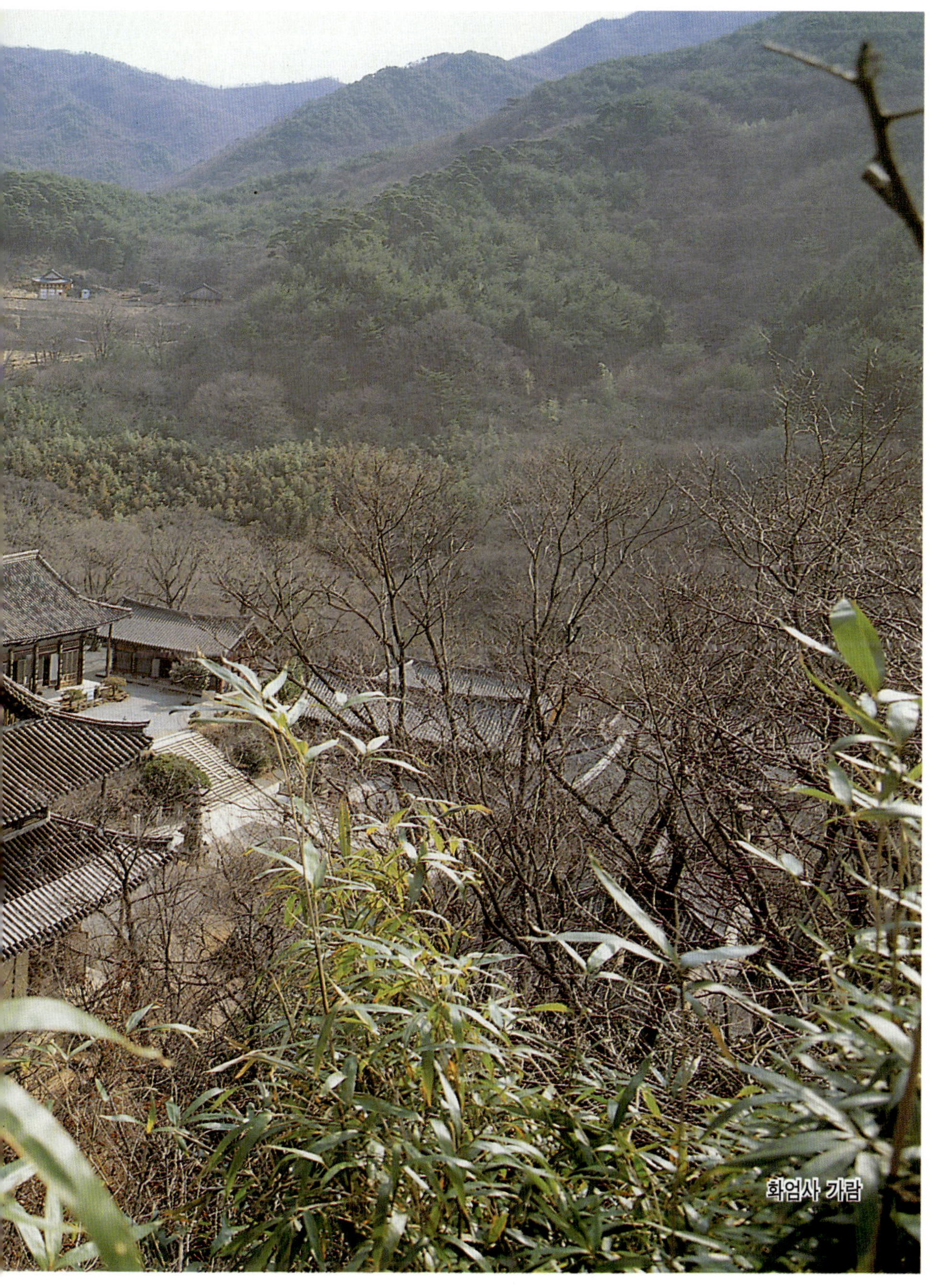
화엄사 가람

난타의 전도 사실에 대해 적었다. 그리고 원효의 전기와 원효가 화엄사 해회당에 머물렀던 사실을 적고, 의상의 전기와 함께 의상이 화엄사에 자주 머물렀음을 기술하였다. 그런데 여기서 서술한 불교사 관계 내용들은 대체로 『삼국유사』의 내용을 그대로 전재(轉載)한 경우가 대부분이며 거기에 화엄사 관련 사실만 첨가한 것이 다른 정도이다.

사적기에는 또한 신라에서 고려시대에 걸쳐 확장된 사원 규모를 대웅상적광전(大雄常寂光殿)과 적광전 구역의 7층탑, 희견보살석상, 석련지, 광명대, 노주 그리고 장륙전과 장륙전 구역의 석각 화엄경, 7층탑, 광명대, 노주 등에 이어 미륵전, 원통전(圓通殿), 시왕전, 해장전, 원교국사영당, 영산전(靈山殿), 9층세존사리탑 등 50여 동의 전각과 천왕문, 해탈문, 조계문에 이르는 문루까지 열거하였다. 다시 봉천원(奉天院) 구역의 10여 동 전각과 암자를 들고 약사전, 안지원(安智院), 홍교원(弘敎院), 서유원(西遊院), 미타원(彌陀院), 선림원(禪林院) 등의 구역과 적기암(赤旗庵)에서 연기암(緣起庵)에 이르는 7암 등을 나열하였다. 이 가운데에는 연기조사 선각 영당이나 십성 영당처럼 화엄사의 성격을 잘 보여 주는 것도 있지만, 미륵전이나 광학장·희견보살석상·석련지·봉천원·홍교원처럼 분명히 화엄사의 전각이 아닌 것도 여럿 섞여 있어 그 사실성을 의심케 한다.

이는 중관이 사적기를 편찬할 때 임진왜란으로 폐허가 된 『금산사사적기(金山寺事蹟記)』를 함께 편찬하고 있었으므로 금산사나 법주사 등 법상종 관계의 사찰이나 '화엄불국사(華嚴佛國寺)'라고도 불려졌던 불국사 관계 유물과 전각 이름이 이곳에 섞여 들어온 것으로 생각된다.

이처럼 명확하지 못한 자료 검증 태도는 사적기가 여기서 일단 서술을 마친 뒤 장을 달리하여 최치원(崔致遠)이 지은 일련의 글들을 싣고 있는 데서도 확인된다. 곧 「화엄사비로자나불병이보살상찬(華嚴寺毘盧遮那佛幷二菩薩像讚)」은 화엄사가 아닌 불국사에 봉안된 비로자나불상에 대해 최치원이 지은 찬문이며, 그뒤에 나온 「아미타불상찬(阿彌陀佛像讚)」, 「수석가여래상번찬(繡釋迦如來像幡讚)」, 「봉위헌강대왕결화엄경사원문(奉爲憲康大王結華嚴經社願文)」, 「왕비김씨봉위선고급망형추복시곡원문(王妃金氏奉爲先考及亡兄追福施穀願文)」, 「위고소의복야재사(爲故昭義僕射齋詞)」 및 「전사(前詞)」는 모두 불국사 관계 기록을 대각국사가 편집한 『원종문류(圓宗文類)』에서 인용하여 화엄사 기록으로 바꾼 것들이다.

이는 앞서 말한 것처럼 불국사를 '화엄불국사' 라고도 불렀기 때문에 불국사 자료를 화엄사 자료로 끌어온 데서 생긴 착오였다. 중관이 과연 화엄사와 화엄불국사를 같은 것으로 잘못 알고 있었는지 아니면 워낙 자료가 적어 이것도 함께 끼워 넣었는지는 알 수 없다. 그러나 일단 화엄사의 연혁을 모두 기술하고 나서 장을 달리하여 이들 자료를 한데 넣은 것을 보면 이것들이 분명히 화엄사의 자료는 아니나, '화엄' 관계 기록이므로 부록처럼 뒷부분에 첨가하였던 것이라고 보아야 할 것이다. 다만 이것들이 화엄사가 아닌 불국사의 자료라는 것을 명기하지 않아서 보는 사람에 따라 화엄사 자료라 생각하게 된 것이다.

이들 자료에 이어 박인량(朴寅亮)의 「해동부석존자의상휘일문(海東浮石尊者義湘諱日文)」과 「번경증의대덕원측화상휘일문(飜經證義大德圓測和尙諱日文)」을 넣은 것도 마찬가지이다. 여기에 이어 최치원의 전기가 실리고 다시 임진왜란 이후 화엄사의 중창이 이루어지는데 참여했던 산중질(山中秩)이 열거되고 나서 사적기는 마무리된다.

중관의 이 사적기는 이처럼 많은 문제점을 가지고 있으나 여러 가지 의의를 지닌다. 화엄사에 대한 종합적인 접근에 필수적인 자료를 제공해 줄 뿐 아니라, 중관의 한국 불교사에 관한 생각을 엿볼 수 있다. 또한 비교적 이른 시기에 정리되었으므로 이후의 사적기 편찬에 큰 영향을 미쳤을 것이다.

일제강점기에 정만우 스님이 편찬한 또 하나의 사적기 『해동 호남도 지리산 대화엄사사적』은 중관대사의 사적기를 바탕으로 하면서도 비교적 사실 고증에 애쓴 모습이 역력히 보인다. 보다 정돈된 서술과 전거를 일일이 밝히고자 한 태도 등이 돋보인다.

이 두 번째 사적기는 구례의 연혁에 이어 원효의 전기를 싣고 이어 의상의 전기를 『삼국유사』와 체원(體元)의 『백화도량발원문약해(白花道場發願文略解)』 그리고 『삼국사기』와 『송고승전』, 박인량의 「부석존자찬」 등과 같은 다양한 자료를 예로 들어 서술하였다. 그리고 나서 차〔茶〕에 관련된 많은 자료를 엮어 놓았다.

그 다음에 신라 말의 선사인 개청(開淸)·도선·경보(慶甫, 868~947년)의 전기와 그들의 화엄사 관련 사실을 적었는데, 특히 도선 관계 기록이 많은 부분을 차지하고 있다. 이 사적기도 불국사 자료인 「화엄경사원문」과 「추복시곡원문」을 담고 있다. 그리고 신라 말 남악파의 사적을 「균여전(均如傳)」과 『법계도기총수록』을 인용하여 적었다.

이 사적기는 앞의 것에 비해 고려시대의 사적을 비교적 많이 담고 있어 주목된다. 초기의 도선 관련 기록은 반드시 화엄사 사적이라고 할 수는 없으나 대각국사의 제자 가운데 화엄사 주지를 찾아낸 것은 새롭다. 또한 고려 말 원소암(圓炤庵)이나 적기암이 창건된 사실도 밝혀 놓아 빈 자리를 채워 준다.

조선시대 자료로는 먼저 세종대의 불교 통합 때 선교 양종 36사에 화엄사가 속한 것에서 시작하여 간간이 알려진 조사들의 강경(講經) 사실을 모아 놓았고, 중기에는 부휴 선수(浮休善修, 1543~1615년) 대사가 지리산에서 지낸 것과 관련된 일들을 엮어 놓았다. 임진왜란 이후의 사적은 더욱 풍부하여 벽암 각성(碧巖覺性, 1575~1660년)과 성능(性能)의 중창 연기를 비롯한 수많은 중수 사실과 여러 고승들의 강경 사례 등을 공문서와 함께 제시하였다. 이는 사중에 전승된 여러 중창기의 기록들을 충실하게 정리한 데서 나온 결과일 것이다.

그러나 이 사적기 또한 당대의 대표적인 고승 및 지리산과 연관 있는 승려들을 지나치게 화엄사와 관련시켜 서술한 맹점이 있다. 따라서 여기에 열거한 고승들의 전기를 대조하여 화엄사와의 연관을 보다 엄격하게 검토해야 하겠지만, 이들 논의의 단서를 제공해 준 이 사적기의 공로는 크다고 하지 않을 수 없다.

### 연기조사와 화엄 대찰

중관의 사적기에 의하면 화엄사는 흥륜사를 창건하고, 황룡사에 장륙상을 조성하는 등 불사가 활발하던 신라 진흥왕 5년(544)에 연기조사가 창건한 것으로 되어 있다. 전하는 이야기에 의하면 연기조사는 범승(梵僧, 위도의 스님)으로 연(鳶)을 타고 왔다고 한다(연곡사도 그래서 생긴 이름이라 한다). 연이란 물로도 뭍으로도 다니던, 거북과 짐승의 모습을 지닌 상상의 동물로, 이곳에 날아온 뒤 머리가 없어져 이를 밭에서 찾아 붙였다고 한다. 그리고 이곳에는 연기조사가 수행하던 토굴의 자취가 지금도 남아 있다고 한다. 또한 사적기에는 자장율사가 모셔온 진신 사리 가운데 일부를 효자탑, 곧 사자탑을 건립하여 봉안하였으며, 차 공양탑도 세웠다고 기록되어 있다.

그런데 연기조사는 경덕왕 14년(755)에 만들어져 현재까지 전해 오는 신라 화엄경 사경의 조성을 주도한 8세기의 고승이기도 하다. 사경의 끝에 적힌 연기문에는 이 화엄경 사경이 황룡사 연기조사를 중심으로 경주의 핵심 제작자들과 전라도 지방의 실무자들이 참여하여 이루어진 것임이 기록되어 있다. 이것은 황룡사에 적을 둔 연기조사가 전라도 지방에서 사경 작업을 주도하였음을 짐작하게 하는데, 이곳이 바로 화엄사일 가능성을 크게 해준다. 고려 때 대각국사 의천이 편찬한 『신편제종교장총록(新編諸宗教藏總錄)』에는 연기의 저술 다섯 가지를 들

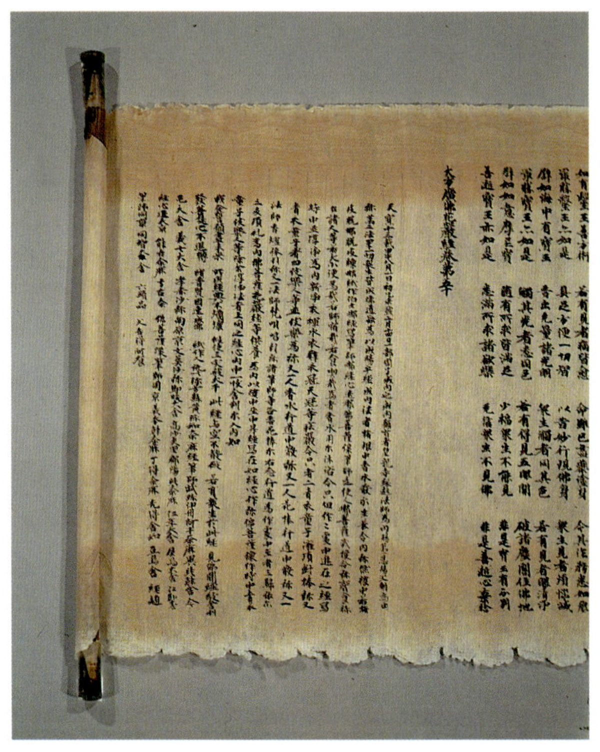

**신라백지묵서대방광불화엄경 사경**  현존하는 신라 최고의 사경으로 백지 14미터에 각행 31자로 묵서하였다.

고 있는데, 시대에 따라 저술을 나열하는 교장총록의 체제에 따르자면 연기는 의상의 제자인 도신이나 경흥보다는 뒤이고 신라 후기 명효(明晶)보다는 앞으로 활동 시기가 8세기 중반에 해당하여 사경의 제작 연대와 대체로 일치한다. 그리고 의천은 화엄사에 와서 연기조사의 뛰어난 전교 활동을 시로 읊기도 하였으니 그가 파악한 연기조사는 8세기 중반경의 인물임이 분명하다.

그렇다면 화엄사는 8세기 중반경에 연기조사에 의해 대가람으로 태어난 것으로 보는 것이 가장 타당할 것이다. 다만 이보다 앞선 어느 시기부터 이 터에 가람이 있어 왔는데, 그것이 연기조사대에 이르러 대가람으로 확장되기 시작하였다고 볼 수도 있다.

대웅전(大雄殿) 뒤쪽으로 평평한 자리가 넓게 펼쳐져 있는 것은 화엄사의 가람 구조가 변형되어 왔다는 것을 추측하게 한다. 또한 대웅전 앞 아랫마당에 나란히 서 있는 2기의 탑이 외형상 비슷하면서도 세부에서 상당한 차이를 보이는 것도 가람 구조의 변화와 연관이 있을 가능성이 있다.

8세기에 대찰로 등장한 화엄사는 연기를 중심으로 독특한 교학을 계승시켜 갔다. 의천의 『신편제종교장총록』에 따르면 연기가 『개종결의(開宗決疑)』, 『화엄경요결(華嚴經要決)』, 『진류환원락도(眞流還源樂圖)』 등 화엄 관계의 저술과 『기신론주망소(起信論珠網疏)』, 『기신론사번취묘(起信論捨繁取妙)』 등 기신론에 관해 서술하였다고 하지만, 지금은 하나도 남아 있지 않다.

연기조사의 사상은 기신론을 중시한 데서 알 수 있는 것처럼 의상의 화엄 사상만을 따르지 않고 원효 계통의 교학도 계승한 융합적인 면모를 짐작하게 하는데, 역시 화엄 사상을 근본 종지(宗旨)로 천명한 것이 분명하다. 연기조사 문하에는 의천이 3천으로 일컬었던 수많은 제자들이 있었다 한다. 이를 통해 이 시기에 화엄사가 '화엄' 자체를 절 이름으로 표방할 만큼 화엄종의 손꼽히는 종찰로 자리잡았으며, 왕성한 교세와 뛰어난 교학을 전개하였음을 알 수 있다.

### 화엄석경과 사자탑

현재 대웅전과 직각으로 앉아 중정을 내려다보고 있는 각황전(覺皇殿)은 원래 이름이 장륙전으로 장륙삼존상을 모셨던 전각이다. 현재의 건물은 조선 숙종(肅宗, 재위 1675~1720년) 때에 중창되어 3불 4보살을 봉안하였는데, 좌대 밑에 중창 이전의 석조 불상 대좌가 있다. 1961년의 조사 기록에 따르면 중앙의 본존 자리는 길이가 3.5미터, 폭이 2.5미터이고 양 옆의 자리는 길이가 2미터, 폭이 1.5미터로 그 절반쯤 되며, 또 그 바깥쪽에는 길이가 3미터, 폭이 0.8미터 되는 좁은 자리가 있었다고 한다(『고고미술(考古美術)』제6권 제9호, 1965). 그래서 이 자리가 본래 주존과 양 협시보살을 모셨던 대좌임을 알 수 있다.

이 장륙전은 원래 사방이 7칸짜리인 3층의 큰 전각으로 벽면에는 돌에 새긴 화엄경을 가득 쌓아 올려 화엄석경(華嚴石經)의 전당을 이루었다고 한다. 지금은 1만 4천여 개의 조각으로만 남아 있는데, 그 크기로 보아 신라시대에 만들어지던 네모난 전돌[方塼] 형태의 돌에 화엄경을 새겨 위아래를 끼워 고정하는 장치로 장륙전 사방 벽에 장엄했던 것으로 생각된다. 물론 이것은 화엄사가 『화엄경』에 바탕을 둔 화엄 도량임을 천하에 드러내기 위함이었을 것이다. 석경을 써 내려간 글씨가 신라 말의 명인 최치원 이후에 유행한 구양순체를 보이고 있어 이 화엄석경 역시 신라 말에 이루어졌으리라 짐작된다.

현재 알려진 석경 조각으로는 『화엄경』 가운데 가장 먼저 번역된 『진본육십화엄(晋本六十華嚴)』의 내용이 있는데, 이것 말고도 마지막에 번역된 『정원본사십화엄(貞元本四十華嚴)』도 있었다고 하니 『주본팔십화엄(周本八十華嚴)』까지 합쳐 세 가지 화엄경 전체를 새겼던 것이 아닌가 생각된다. 다만 세 가지를 다 새기면 엄청난 양이 되므로 헌강왕의 불국사 화엄경사(華嚴經社)처럼 『진본육십화엄』과 『정원본사십화엄』 두 가지만 새겼을 가능성도 있다. 『정원본사십화엄』이 798년에 번역되었으므로 이 석경의 제작 연대는 9세기가 될 것이고 이는 석경의 서체와도 부합된다. 이 엄청난 석경의 존재에서 이 시기에 화엄사의 사세가 국중 대찰로 꼽힐 만큼 대단하였음을 확인할 수 있다.

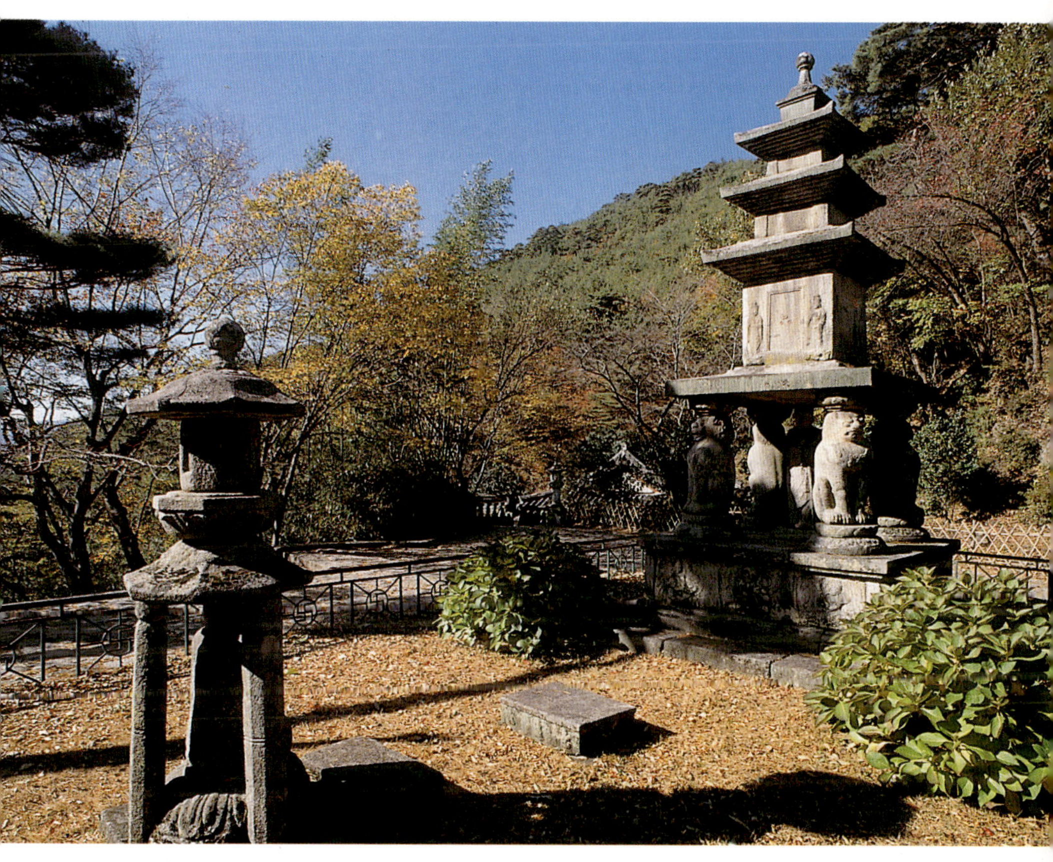

**효대** 각황전 뒤 언덕에 있는 이곳 효대에는 불국사의 다보탑과 쌍벽을 이루는 4사자3층석탑과 배례석, 석등 등이 서로 마주보는 상관 관계를 보이고 있는데, 이것이 어버이에게 효성을 드리는 모습으로 전화되어 효성의 상징으로 여겨졌다.


각황전 앞에는 건물의 규모와 어울리는 장대한 규모의 석등이 있다. 그리고 각황전 뒤 언덕에는 연기조사가 세웠다는 탑이 있다. 사적기나 조선시대의 지방지에는 화엄사가 진흥왕 때 연기조사에 의해 창건되었고 뒤이어 자장율사가 효성이 지극했던 연기조사를 추앙하기 위해 탑과 석등이 마주보는 형식으로 세존사리탑을 만들었다고 한다. 그러나 이 탑은 조성 수법으로 볼 때 자장이 생존했던 7세기 전반의 것으로는

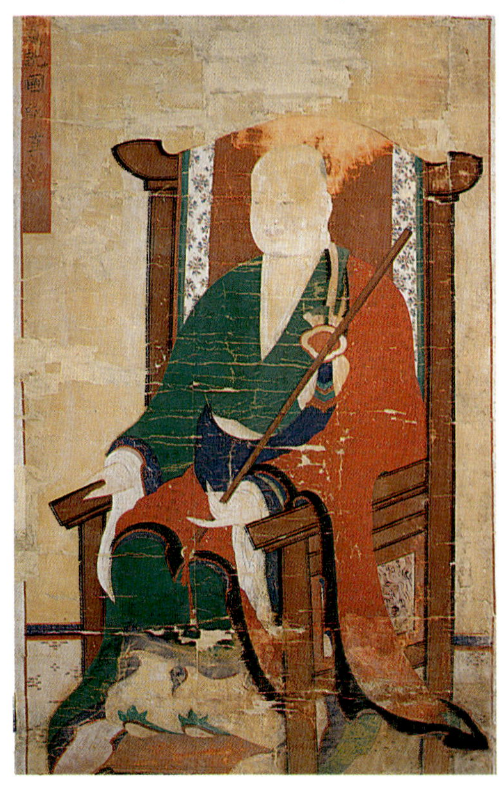

**도선국사 영정** 신라에서 고려에 걸쳐 이름을 드날렸던 도선국사는 15살에 이곳 월유산 화엄사에서 승려가 되어 화엄을 배웠다. 도갑사 소장. 사진:유남해

볼 수 없다. 이는 창건주의 지극한 효성을 두고 속세에서 붙여낸 이야기로 출세간(出世間)의 장엄물을 풀이한 것으로 보인다.

불국사의 다보탑과 쌍벽을 이루는 이 4사자3층석탑은 상층 기단부의 네 모서리에 사자와 중앙의 승상(僧像)이 탑신을 받고 있는 듯한 모습으로 참신한 조형 감각을 잘 살려내고 있다. 그리고 사자탑의 발상 전환이나 세부 수법은 다보탑보다 한걸음 진전된 것으로 8세기 말에서 9세기 전반에 조성되었다고 볼 수 있다. 아마도 이와 같은 역작이 이루어진 힘의 원천은 화엄경 사경의 조성에서 비롯되었고, 이것이 화엄석경에까지 이어져 화엄사가 나라의 중추 사원으로 자리잡는 데 큰 몫을 담당한 것으로 여겨진다.

이곳은 흔히 효대(孝臺)로 불려졌다. 사자탑 앞에는 배례석과 석등이 있으며, 탑에는 서 있는 승상이, 석등에는 무릎을 꿇고 공양기를 든 승상이 서로 마주보는 상관 관계를 보인다. 이것이 어버이에게 효성을 드리는 자식의 모습으로 전화(轉化)되어 효성의 상징으로 여겨졌다. 그래서 이곳을 찾은 대각국사도 연기조사에 대한 칭송에 이어 효대의 감회를 시로 읊어 남기기도 하였다. 한편으로는 승상이 마주보는 모습에서 사제(師弟) 간의 아름다운 불법의 전승을 보는 듯도 하다.

## 신라 말의 화엄사 고승

가람의 규모를 디지면서 화엄사에시는 많은 고승들이 배출되있다. 신라에서 고려에 걸쳐 이름을 드날린 도선국사는 15살에 이곳 월유산 화엄사에서 승려가 되어 화엄을 배웠는데, 같이 공부하던 도반들이 모두 그의 견해에 탄복하였다고 한다. 이름 높은 선사였던 낭원(朗圓, 834~930)대사 개청은 이곳에 주석(駐錫)하던 정행(正行)대사에게 귀의하여 화엄을 배웠다. 역시 신라 말의 고승 선각대사 형미(逈微, 864~917년)도 19세에 이곳 관단(官壇)에서 계를 받았고 통진대사 경보는 출가 뒤 공부를 계속하다 18세에 이곳 계단(戒壇)에서 구족계를 받았다. 이들은 모두 신라 말의 불교계를 이끌었던 고승들이다. 그런데 이들이 화엄사에서 출가하여 공부하거나 구족계를 받았던 것으로 보아 이 시기 화엄사의 위상이 상당히 주목받는 위치에 있었음을 알 수 있다. 사실 신라 말 선종의 융성은 화엄의 수준 높은 바탕에서 가능하였는데 화엄사도 그렇게 선종의 한 모태가 되었던 것이다.

후삼국 시기에 화엄종에는 왕건을 지지하는 북악 희랑(希朗) 공과 견훤을 지지하는 남악 관혜(觀惠) 공이 서로 의견을 달리하고 있었다. 관혜는 독자적인 교리 체계를 갖고 있었는데, 이는 신라 화엄학을 집대성해 놓은 『법계도기총수록』에 인용된 그의 견해에서 확인된다. 그래서 남악으로 불리던 관혜공은 이곳 지리산 화엄사를 중심으로 활동하며 태백산 부석사 중심의 북악의 교학에 대응하여 화엄종의 한 흐름을 이끌었다.

화엄사는 이 시기에 화엄종 중에서도 독자적인 교리 해석과 사회 지향을 보였다. 도선이 이 지역에 미쳤던 영향력과 통진대사 경보가 끝까지 후백제에 남아 있다가 후백제 멸망 뒤 마지막으로 고려 태조 왕건에게 귀부(歸附)한 것들은 후삼국 시기에 화엄사가 신라 중심과는 다른 지향을 보였던 사회적 상황을 알려 준다. 근본에서는 서로 크게 다를 바 없던 남북악은 고려의 통일 뒤 균여(均如)에 의해 교리상으로 종합 정리된다.

### 고려시대의 혜명과 조선조의 수난

고려시대에 들어 대각국사 의천은 화엄사에 들러 연기조사를 추모하였다. 화엄종에서 출가하여 당대 불교계를 지도하던 의천이었기에 화엄 명찰 화엄사는 마땅히 그의 순례에서 빠질 리 없다. 그래서 의천은 명확한 식견으로 연기의 화엄사 창건과 문하의 융성을 시로 읊었을 것이다. 그리고 연기의 저술을 다섯 가지나 찾아내어 『신편제종교장총록』에 이름을 올렸을 것이다.

다음에 대각국사의 문인인 준소(俊韶) 법사는 대각국사가 『속장경』을 간행하고 나서 화엄 전적을 모은 『원종문류』를 간행하는 데 참여하여 교정을 맡았다. 그의 직함은 화엄사 주지 전현수교관(傳賢首敎觀) 의 학사문(義學沙門)이었는데, 이는 그가 화엄학의 정통 계승자임을 말해 준다. 이로써 화엄사는 고려시대에 들어서도 해인사와 함께 홍왕사, 불일사 등 개경의 중심 사찰과 더불어 왕성한 학맥이 전승되었음을 확인할 수 있다.

고려 말 충렬왕 때에는 박씨 성을 가진 재가 신도의 후원으로 원소암이 창건되었다. 이 사실은 조계종의 원감국사 충지가 부친 시에서 알 수 있는데, 암자에는 연지(蓮池)도 마련하고 자못 풍광이 아름다웠던 모양이다. 또 공민왕 때에는 적기암이 창건되었는데, 이는 이성계가 황산대첩으로 왜구를 무찌를 때 이 암자에서 빨간 깃발을 들었다고 한 데서 생겨난 이름이다.

조선조에 들어 정책적인 탄압으로 불교계는 크게 위축되었다. 태종 7년(1407)에는 고려 때의 그 많던 사원 가운데 242개소의 사원만을 7종파에 나누어 남겨 놓고 나머지 사원의 토지를 몰수했으며, 세종 6년(1424)에는 다시 조계(曹溪)·천태(天台)·총남(摠南) 세 종파를 합쳐 선종으로 하고 화엄(華嚴)·자은(慈恩)·중신(中神)·시흥(始興) 네 종파를 합쳐 교종으로 하여 선교 양종 시대를 열었다. 이와 함께 선, 교 각각 18개소의 사원(보누 36개 사원)에 3,770명의 승려만을 인정하는 등 불교의 영향력을 크게 축소시키고자 하였다.

화엄사는 다행히 150결(結)의 토지와 70인의 거승(居僧)을 확보할 수 있었다. 36개 사원 중에서 전라도에는 선종으로 화엄사와 태인의 흥룡사, 교종으로 창평의 서봉사와 전주의 경복사가 있었으니 화엄사가 조선 전기 전통 사원 중에서 중요한 위치에 있었음을 알 수 있다. 오랜 전통을 그나마 단절시키지 않고 다른 절들의 운명까지 업고 혜명을 이어갈 수 있었던 것은 다행이나, 어찌된 연유인지 화엄종의 주요 사찰인 화엄사가 교종이 아닌 선종으로 분류되었다.

이런 어려움 속에서도 성종(成宗, 재위 1469~1494년) 때에는 삼교에 통달하였던 화엄사 법주(法主) 설응(雪凝) 법사가 선교를 강론하였고, 중종 15년(1520)에는 숭인(崇仁) 장로가 청련암에서 석희(釋熙)·육공(六空)·신명(信明) 장로들과 선회(禪會)를 열었다. 숭인은 서산

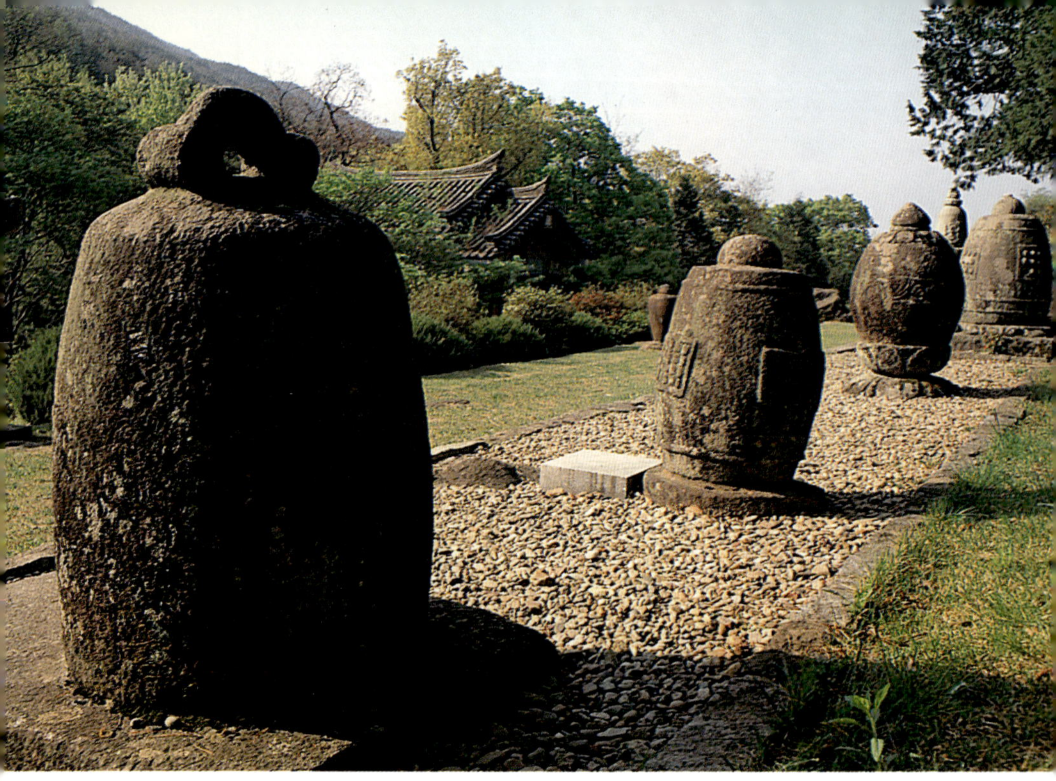

**부도전** 서산과 부휴대사의 스승인 부용대사 및 소요 태능, 벽암 각성과 같은 고승들의 부도가 일주문으로 향하는 길목의 왼쪽에 모여 있다.

대사가 배우겠다고 찾아오자 부용선사에게 보내 법을 잇게 한 이로 서산이 양육사(養育師)로 모셨던 인물이다.

조선 후기 불교계의 양 태두인 서산과 부휴대사의 스승인 부용대사의 부도가 화엄사에 있으니 부용대사의 행적도 이곳에 많이 남겨져 있었던 모양이다. 서산대사 역시 지리산에 오랫동안 머물러 화엄사와도 인연이 있을 터인데, 길상산 아래 반야봉 근처에서 참선에 열중하였다는 기록이 보인다. 부휴대사는 중종대에 화엄사의 대덕(大德)인 신명 장로를 찾아 출가하였으며, 광해군 때에도 제자인 벽암대사와 함께 지리산에서 머물다 무고를 당하여 서울로 갔다는 기록이 있어 누구보다도 화엄사와 가까운 인연이 있을 법하다.

이어 선조 때에는 서산의 고족제자인 중관대사가 지리산에서 오랫동안 활동하였다. 중관은 사적기를 편찬할 만큼 화엄사와 관련이 깊었다. 서산과는 또 다른 고제이면서 지리산에서 부휴대사에게 많이 배웠던 소요 태능(逍遙太能, 1562~1649년)도 화엄사에 부도를 남겼다.

## 임진왜란과 벽암대사의 대웅전 중창

임진왜란으로 온 국토가 병화에 시달릴 때 화엄사도 잿더미가 되었다. 당시 화엄사에 머물던 승려들의 일부는 승병을 조직하여 왜적에게 분연히 대항하였고 일부는 토굴에 의지하여 터를 지켰다.

윤눌(潤訥) 대사는 화엄대선 선교판사의 직책에 있었는데, 난리가 일어나자 수군에 가담하여 이순신 장군을 도와 싸웠고, 진주성 전투에도 참가하여 뛰어난 활약을 보였다. 진주성 싸움에는 해안대사도 의병을 모아 참가하였다. 당시 화엄사의 주지 설홍(雪泓) 대사는 왜군이 하동을 거쳐 구례로 쳐들어오자, 300여 승군과 방치인(房處仁) 등의 의병과 함께 군량 300석을 비축하고 구례의 요충지인 석주진(石柱鎭)에서 왜군에 맞서 싸우다 모두 장렬하게 전사하였다.

임진왜란이 일어난 이듬해 화엄사에 침입한 왜군은 유서 깊은 당우(堂宇, 전당)와 진장(珍藏)된 보물들을 모두 불태워 잿더미로 만들고 승려들을 학살하였다. 장륙전의 신라 석경이 조각조각 파손된 것도 이때의 일이다. 특히 왜장이 3층 3칸의 종루(鍾樓)에 있던 화엄사 범종(梵鍾)을 탐내어 일본으로 실어 가려 했으나, 배가 섬진강 나루를 건너지 못하고 섬진강에서 가장 깊은 곰소에 빠져 버렸다. 종이 빠져 용두(龍頭)만 보였기 때문에 용두리로 불리는 이곳은 얼마 전까지만 해도 맑은 날에는 용두가 보이고 종소리가 들렸다고 한다.

임진왜란 당시 승병으로 활동하며 사명대사로부터 칭송을 들었던 명장 벽암대사는 인조 2년(1624) 팔도총섭(八道總攝)이 되어 승군을 독려하여 남한산성을 쌓은 지 3년 만에 마무리하였다. 그 공로로 인조 4년 '국일도대선사(國一都大禪師)'의 예우와 의발을 예물로 받았으며, 3년 뒤에는 '대화엄종주(大華嚴宗主)'의 예우를 더 받았다. 그리고 나서 병화로 허물어진 사원 재건에 나섰다. 인조 8년에 화엄사 중건을 시작하여 7년 만인 인조 14년에 대웅전과 요사 일부를 완성하였다. 또한 인조 8년에는 일오(一悟) 선사가 산내 보적암(寶積庵)을 창건하였다.

벽암대사는 서산과 양대 계보를 이루는 부휴대사의 전법제자이다. 그는 『간화결의(看話決疑)』를 지어 종문의 정통을 확인하였으며, 승단의 굳건한 기초를 다지고자 『석문상의초(釋門喪儀抄)』를 저술하여 예법을 정리하기도 하였다. 그러나 시대적 상황은 그가 전법에만 충실하도록 내버려두지 않았다. 그는 승병 활동과 국가 재건 과업에 적극적으로 나서서 새로운 앞날을 기약하였다. 서산, 사명 이래 의승(義僧)들의 뒤로 물러서지 않는 당당한 행적과 벽암 등의 활동이 밑거름이 되어 그 뒤 조선 후기 승려들은 전기의 국가적인 홀대와는 사뭇 다르게 일정한 지위를 인정받고 왕성한 활동을 보장받게 되었다. 그러므로 벽암이 기여한 공로는 지대한 것이다. 벽암 같은 고승이 주석하면서 화엄사는 외형적 위세와 사상적 깊이를 함께 지키며 명찰의 이름을 드높이게 되었다.

벽암이 중창한 사원은 화엄사 외에도 법주사와 보현사, 석왕사, 귀주사 등이 있다. 벽암은 병자호란(1636년) 때도 의승을 모아 활동하였으며, 만년에는 화엄사에 돌아와 현종 원년(1660)에 입적하니 금강문 밖 경내에 비를 세워 지금까지 그를 기리고 있다. 그의 문하에는 취미 수초(翠微守初, 1590~1668년)와 백곡 처능(白谷處能, 1617~1680년) 등 많은 제자가 번성하였다.

이렇게 완성된 정면 5칸, 측면 3칸의 대웅전은 현재 화엄사에 남아 있는 건물 가운데 가장 오래된 건물이다. 또한 이곳에는 왕실의 비호

아래 중창된 사실을 표방하기 위해 원종(元宗)의 동모제(同母弟)이며 인조의 유일한 숙부였던 의창군(義昌君, 1589~1645년)에게 현판을 쓰게 하고 그 사실을 낙관으로 드러내기도 하였다. 이는 억불 체제 아래에서 왕실의 힘을 빌려 사격을 높이고 관리와 유생들의 침해를 방지하기 위한 방편이었다.

중관대사의 사적기에는 법당은 인해(印海)·덕일(德日) 등이 보원(普元)·선미(善美) 등의 공장을 청해다가 이룩하였고, 불상은 나묵 등이 청헌(淸憲) 등을 청해서 조성하였으며, 종은 응조(應照) 등이 지안(智安) 등을 청해서 만들었고, 불화는 인화(印和) 등이 수안(守安) 등을 청해서 이루었으며, 단청은 사순(思順)·계원(戒元) 등에 의해 이루어졌다고 기록되어 있다. 그리고 이때의 산중 대덕으로 계훈(戒熏) 등 70여 명을 들었다.

벽암 및 여러 의승들의 활약을 높이 평가한 나라에서는 효종 원년(1650) 화엄사에 선종 대기람(禪宗大伽藍)의 교지를 내렸다. 효종 4년에는 벽암대사를 '공양 대시주'로 하여 원만한 상호와 고른 색조의 가로 8.5미터, 세로 12.3미터의 거대한 좌상 괘불을 이루어내어 현재까지 보관하고 있다.

## 계파대사의 각황전 중건

인조 8년 벽암의 중창 이후 60여 년이 지난 숙종 23년(1697)에는 백암대사 성총이 중관의 사적기를 간행하고 다시 2년 뒤인 숙종 25년에는 백암대사의 제자인 계파 성능(桂坡性能) 대사가 4년 동안 불사를 벌여 숙종 28년에 장륙전인 각황전을 완성하였다. 정면 7칸, 측면 5칸의 팔작지붕으로 된 각황전의 중건에는 영조의 탄생과 관련된 설화가 전해오고 있다.

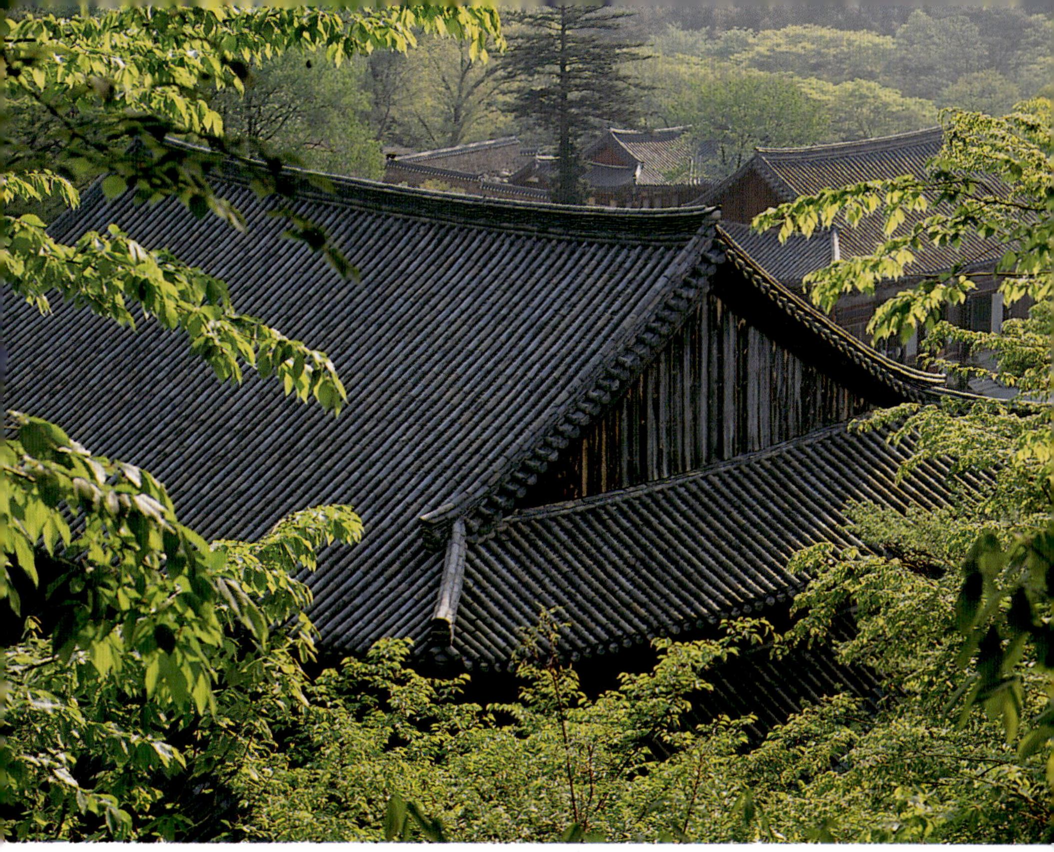

**각황전의 팔작지붕**  거대한 규모이면서도 안정된 비례와 엄격한 조화로 위엄과 기품을 함께 뿜어내고 있다.

계파대사는 벽암대사의 위업을 이어 화엄사의 근본 전각인 장륙전의 중창 불사에 나섰다.  그러나 화주를 해올 길이 너무도 막연하였다.  그저 밤새도록 대웅전의 부처님께 기도를 드리는 수밖에 없었다.  그런데 기도하던 대사 앞에 비몽사몽간에 한 노인이 나타나 "걱정 말고 내일 화주를 하러 떠나 맨 먼저 만나는 사람에게 시주를 권하면 되리라"고 하였다.  용기를 얻은 대사가 다음날 아침 절을 나섰다.  가다가 늘 절에 와서 밥을 얻어먹곤 하던 거지 노파를 만났다.  대사는 난감하였으나, 꿈속에서 노인이 일러 준 대로 그 노인에게 장륙전 건립 시주를 권하였다.  어안이 없어 하는 노인에게 사정을 얘기하며 종일토록 간청하자, 노인은 이에 감동되어 눈물을 흘리면서 "내 몸이 죽어 왕궁에 새로 태어나 불사를 성취하리니 문수대성은 가피를 내리시라"는 서원(誓願)을 남기고 옆에 있던 늪에 몸을 던졌다.

몇년 뒤 대사는 서울에 나타났다. 그런데 궁궐 밖에서 나들이하던 어린 공주가 대사를 보자마자 반가워 어찌할 줄 몰라 하며 대사에게 매달렸다. 공주는 태어날 때부터 한쪽 손을 꼭 쥔 채 펴지 않았는데, 대사가 안고 손을 만지니 신기하게도 손이 펴졌다. 그런데 그 안에는 '장륙전'이라는 세 글자가 씌어 있었다. 소식을 들은 숙종은 대사를 불러 자초지종을 듣고 감격하여 장륙전 건립을 허락하였다.

그러나 사실 숙종에게는 공주가 없다. 팔공산 파계사(把溪寺)에도 전해지는 것처럼 공주가 아닌 왕자, 곧 뒷날의 영조의 탄생에 관련된 이야기가 공주로 잘못 전해진 것이다. 이 건물을 수리하면서 찾아낸 상량문은 숙종 27년에 채팽윤(蔡彭胤)이 짓고 쓴 것인데, 그 말미에 1694년에 탄생하여 장차 영조가 되는 왕자 연잉군(延礽君)이 원당(願堂) 대시주가 되고 그의 모친인 숙빈 최씨가 성조(成造) 대시주가 되었음이 덧붙여 있다. 이를 통해 이 장륙전 건립에 숙종의 숙빈 최씨가 대시주로 참여하였던 것을 확인할 수 있다. 이런 연유로 장륙전 대신 각황전의 이름을 갖게 되었다. 그런데 이미 중관의 사적기에도 선왕과 왕비의 복을 빈 일이 기록되어 있어 대웅전의 중창 때부터 있어 온 왕실과의 인연을 상량문에서 확실히 보여 준 것이라 여겨진다.

벽암대사가 법당 건립을 위해 「화엄사중건장륙전겸조상권문(華嚴寺重建丈六殿兼造像勸文)」이라는 모연문(募緣文, 불사를 권하는 뜻을 알리는 글)을 쓰기도 한 이 웅장한 각황전은 그만한 재정 지원이 없이는 이룩되기 힘들었을 것이다. 거대한 규모이면서도 안정된 비례와 엄격한 조화로 위엄과 기품을 함께 내뿜는 빼어난 건축물 장륙전의 내부에는 높이가 열한 자에서 열두 자인 석가·다보·미타의 여래삼존좌상과 높이가 열 자인 문수·보현·지적·관음의 사대보살입상을 그 이듬해에 봉안하였다. 이로써 화엄사의 가람 규모는 어디에도 손색이 없는 웅장함을 되찾게 되었다.

계파 성능대사는 숙종 37년 팔도총섭이 되어 5개월 만에 북한산성을 수축하였다. 그뒤 30여 년 동안 산성의 중흥사에 주석하며 승군을 관장하였다. 대사는 영조 21년(1745)에 팔도총섭의 자리를 물려 주고, 그동안 과업의 전말을 『북한지(北漢誌)』로 엮어 남겼다. 벽암대사가 대웅전을 중창하고 남한산성을 맡아 수축해낸 것처럼 계파대사는 각황전을 중창하고 북한산성을 맡아 해낸 것이다.


## 선교 대가람의 위세

장륙전이 건축되던 숙종 27년에 화엄사는 선종 대가람에서 선교 양종 대가람으로 더욱 승격된 지위를 부여받는다. 그뒤 대가람으로 자리를 굳힌 화엄사의 주요 사적을 사적기에서 간추리면 다음과 같다.

숙종 32년(1706) 부휴대사의 3세손인 명곡 현안(明谷玄眼) 대선사가 선교를 강의하였고 2년 뒤에는 전각의 보수와 탱화 불사도 이루어져 사백(思白) 등이 주지 설심(雪心)의 일을 도왔다.

경종 4년(1724) 주지 철식(喆湜)과 산중 대선사 낭월(朗月) 등이 『준제경』, 『염불직지』 등의 불서를 간행하였다. 영조 5년(1729) 삼남의 승군들로 북한산성을 운영하게 할 때 운봉 비전(碑殿)과 전주 위봉(威鳳), 나주(羅州), 금성(金城), 입암(笠岩)의 승장들을 모두 화엄사 관할 아래에 있도록 하였다. 이들 승장들은 앞서 1697년 백암이 간행한 사적기에 이미 명단이 올라 있어 더 이른 시기에 화엄사와 연계가 있었음을 알 수 있다.

영조 33년(1757) 자운 처관(慈雲處寬) 대선사 등이 대웅전을 중수하고 상정(尙淨) 등 화원의 손으로 삼존상을 개금하였으며, 당대에 으뜸가던 금어 의겸(義謙) 등의 솜씨로 후불삼존탱화를 새로 모셨다. 이 탱화는 지금까지 잘 보존되어 있다. 그로부터 12년 후인 영조 45년 자운 처관 등이 각황전을 중수하였다. 또한 영조 48년에는 봉암(鳳巖) 장로 등이 구층암에서 경찬 법회를 열었다.

정조 2년(1778) 승려와 속인 300여 명이 대웅전과 각황전의 향화(香火, 사원이 잘 유지되도록 법당에 피워 올리는 향)를 위해 결연을 맺고 토지를 시납하였으며, 정조 8년에는 학윤(學贇) 장로가 보적암을 중수하였다. 또한 1785년에는 영송(咏松)과 축연(竺涓) 선사가 보적암에서 선을 강하였다. 혜암 윤장(惠庵允藏)이 내원정사에서 강단을 열었으나 부고로 일년도 못 되어 그만 두었다. 정조 15년에는 농암 특총(聾巖特聰) 종사가 보월정사에서 교화를 열었다.

정조 19년 대흥사와 표충사의 추제 시향관(秋祭侍香官)이 되었던 행원(幸元) 선사가 순조 7년(1807) 표충사를 수호하는 팔도도승통(八道都僧統)이 된다. 사적기에는 화엄사 승려로 표충사의 제관이 되어 다시 승관을 맡은 이로 금봉 우익(金峰祐益), 두민(斗珉), 응민(應敏), 지원(智圓), 언준(彦俊) 등이 기록되어 있는데, 벽암이나 계파 등과 같은 승장이 배출된 화엄사이기에 표충사와의 관계가 지속되었는지 아니면 다른 연유가 있었는지에 대해서는 알 수 없다.

이 밖에 정조 22년에는 황악 행원(黃岳幸元)이 적묵당을, 그보다 앞선 을묘년에는 그의 스승 담인(曇仁) 선사가 나한전을 세웠다.

순조 24년에 표충사의 전곡(典穀) 유사(有司)가 되었던 우익은 순조 32년에는 표충사를 수호하는 팔도도승통이 되었다. 또 헌종 3년(1837)에는 적상산 사고를 수호하는 삼도총섭이 되었으며, 순조 27년에는 낭규(朗奎) 선사와 더불어 보제루를 중수하였다. 우익은 5년 뒤 팔도도승

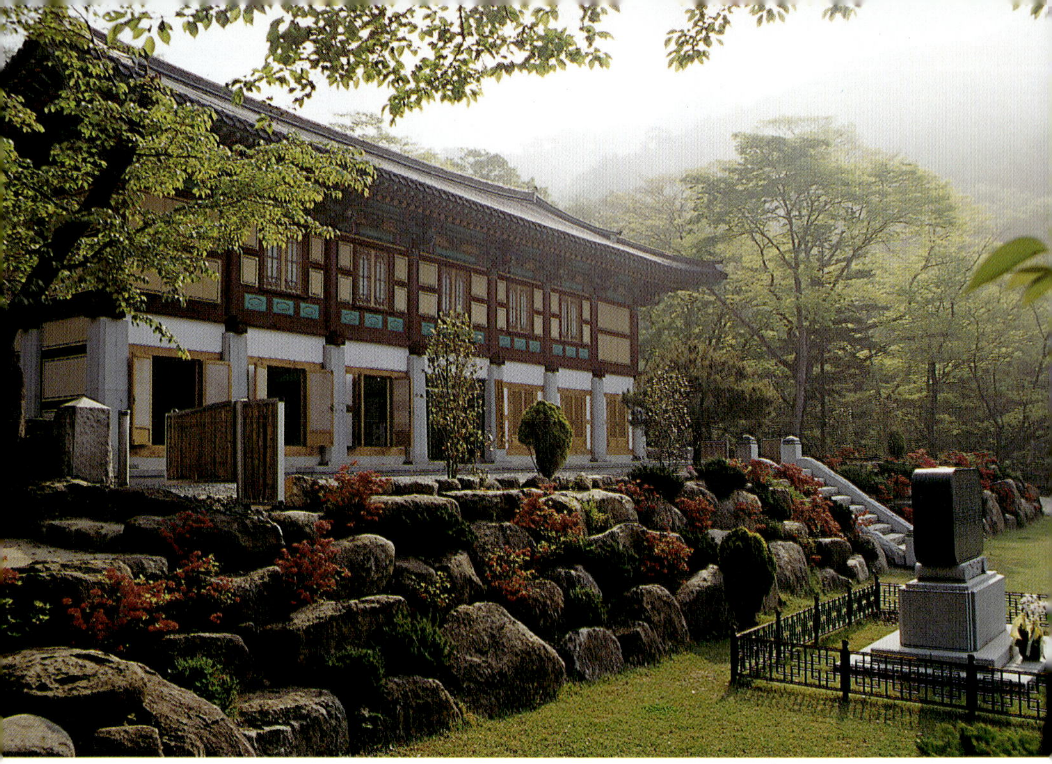

**연화당** 근년에 들어 새로 정비된 화엄사 전각에는 강원과 선원에서 제방 납자가 수행에 열중하는 학풍이 지금도 변함없이 이어지고 있다.

통이 되었다. 순조 31년 표충사 춘제 전사관(春祭典祀官)으로 있던 두민은 순조 34년 팔도도승통이 되었다.

헌종 2년에는 내원암을 창건한 우익이 오환(悟丸), 창수(暢守)와 더불어 응향각과 삼전을 중수하였다. 이어 헌종 12년에는 우익선사의 고제인 후봉(嗅峰)이 봉천암(鳳泉庵)을 창건하였고 이듬해인 헌종 13년에는 의헌(義憲), 윤행(允幸), 도실(道實)이 각황전을 중수하였다. 같은 해에 경봉(景峰) 대종사가 보적암에서 강설하였다. 그리고 다음 해에 응민이 표충사 추제의 종헌관(終獻官)이 되었다.

철종 6년(1855)에 표충사 추제의 대축관(大祝官)이 되었던 지원은 철종 13년 팔도선교도총섭이 되었다. 그리고 철종 14년(1863)에는 언준이 표충사 수호 선교 양종 도유사(都有司)가 되었다.

고종 4년(1867)에는 초운 섭률(草雲攝律)이 반야봉 아래에서 문수보살을 친견하고 문수암을 창건하였고 고종 11년에는 구례 현감 방효함(方孝涵)이 영산전을 창건하였다. 또한 고종 21년에는 원화 덕주(圓華德柱) 종사가 강설하였고. 고종 광무 4년(1900)에는 청하 탄정(清霞坦靜) 대선사가 견성당에서 선회를 열었으며, 또 상원암을 새로 중건하고 당대의 선지식 경허(鏡虛) 선사를 초청하여 수선사를 열고 청규(清規)를 제정하여 선수행의 문호를 높이 열었다.

이듬해인 광무 5년에는 환월(幻月) 선사가 보적암에 선불장(選佛場)을 열고 당대의 선지식 영호(映湖) 박한영(朴漢永, 1870~1948년) 종사와 진진응(陳震應) 종사를 초청하여 강설을 열어 종풍을 일시에 드날렸디. 이로 인해 화엄사의 명성이 도하(都下)에 사사하였고 특히 낭대의 명강 진응종사는 20여 년을 주석하며 화엄사의 강풍을 드날렸다. 진응종사는 화엄사에 부도가 남아 있는 용담 조관(龍潭慥冠, 1700~1762년) 선사의 법손으로 용담에서 혜암 윤장—기암(畸庵) —제월(霽月) —응암(應庵) —진응(震應)으로 이어지는 선맥을 계승한 명승이다.

그해 3월 구층암에서 남호 각선(南湖覺仙) 등 도속 60여 명이 백련사를 결성하였다.

1917년 진응종사는 염송 법회를 크게 열고 이능화(李能和)에게 염송회 발기문을 지어 반포하게 하여 선풍을 크게 날렸고 1924년에는 화엄사가 본산(本山)으로 추가되어 31본산인 선교 양종 지리산 대본산이 되었다.

일제는 국권을 침탈한 뒤 사원을 그 통제 아래 묶어 두기 위해 1911년 사찰령을 반포하고 30본산제를 시행하였다. 그런데 이때 화엄사는 본산에서 빠져 있었다. 그러다가 유서 깊은 대찰로서 말사(末寺)가 될 수 없다는 이의 제기에 따라 10여 년의 오랜 시간이 지난 뒤에야 뒤늦게 본산에 합류하여 31본산이 되었다. 신라에서 고려, 조선시대에 이르기까지 줄곧 이어온 대찰 화엄사의 위상이 늦게나마 다시 제도적으로 확인된 것이다.

이때의 사찰 규모는 각황전, 대웅전, 원통전, 명부전, 나한전, 영산전, 적묵당, 삼전, 응향각, 탑전, 만월당, 덕장전, 천왕문, 금강문, 일주문, 만세루 등으로 이루어져 있었고 산내 암자로는 구층암, 봉천암, 내원암, 보적암, 상원암, 금정암, 사성암 등이 있었다.

1936년 정만우 주지가 각황전을 중수하였으며, 이후 근년에 들어 각황전, 대웅전 등 중심 전각의 대대적인 보수가 이루어졌고 원융료와 만월당, 청풍당, 범종루, 운고각 등이 새로 정비되었으며 구층암, 금정암, 지장암 등의 암자 외에 최근에 연기암이 중창되었다. 강원과 선원에서 제방 납자가 수행에 열중하는 학풍은 지금도 변함없이 이어지고 있다.

# 화엄사의 건축

## 지리산과 화엄사

지리산은 아주 먼 옛날부터 '3산 5악'의 하나로 숭상되었던 전통적인 산악 신앙의 본거지였다. 신라인들은 다섯 개의 중요한 산들이 그들의 국토를 동서남북으로 감싸고 있다고 믿었다. 중악 부악산, 동악 토함산, 서악 계룡산, 북악 태백산 그리고 남악 지리산이 그것으로 5악에는 중요한 산신들이 살면서 국토를 보호하고 있다고 믿었다. 그 가운데 남악인 지리산 노고단의 산신은 신라 시조 박혁거세의 어머니인 선도성모(仙桃聖母)였고, 천왕봉 정상의 산신은 무당의 원조격인 마고성모(麻姑聖母)였다.

도교 사상이 중국에서 유입되면서, 지리산은 또한 도교의 중요한 장소가 되었다. 도교적 세계관에 의하면, 중국의 동쪽 바다에는 전설적인 삼신산이 있는데, 금강산의 봉래·한라산의 영주·지리산의 방장이라는 것이다. 방장산으로서의 지리산은 태을선인(太乙仙人)을 비롯한 여러 신선들이 사는 선계였다.

불교가 전래되면서 지리산은 다시 불교의 성지로 탈바꿈된다. 신라인들은 전 국토를 온갖 보살들이 계시는 선택된 불국토라 믿었다. 예를

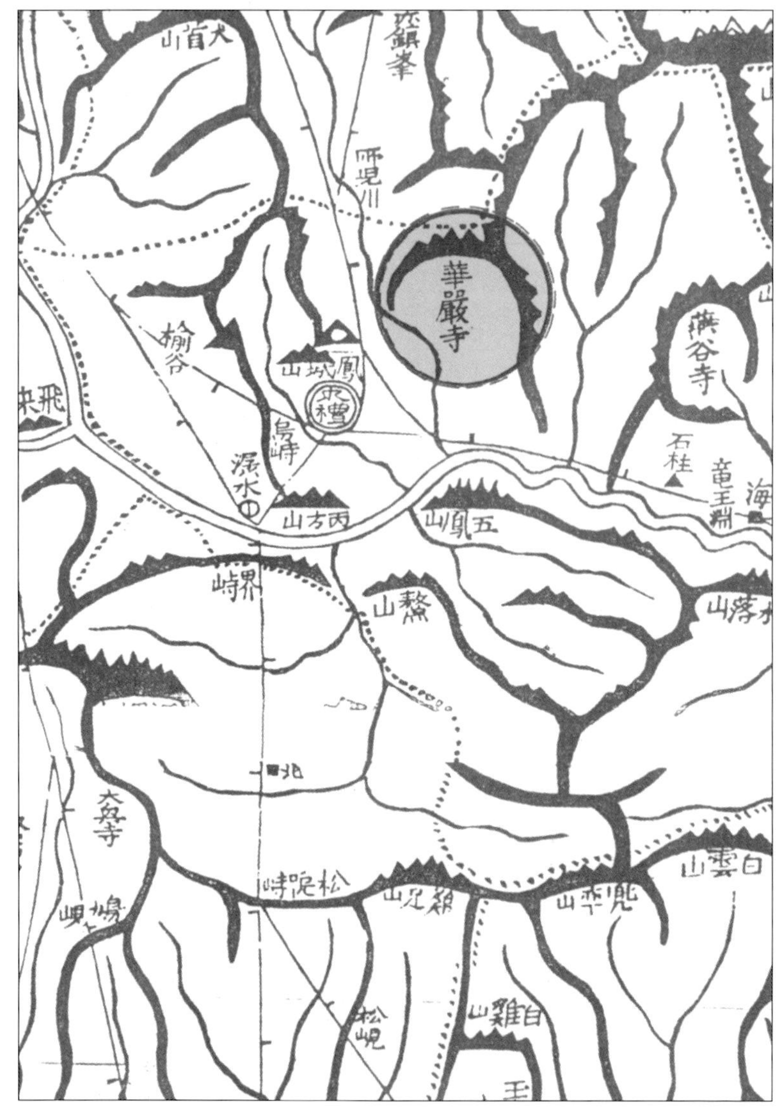

**대동여지도**　입구가 시원하게 열린 개방형 형국에 자리잡은 화엄사는 지리산 최대의 사찰로 자리매김하고 있다.

들어 금강산에는 법기보살이 계시며, 오대산과 지리산은 문수보살의 주처(住處)라고 믿었다. 그래서 그런지 지리산은 수많은 사찰과 암자로 감싸진 거대한 불국토 만다라였다. 북쪽 기슭에는 실상사와 법계사, 동쪽에는 대원사, 남쪽에는 천은사와 화엄사, 연곡사, 쌍계사 그리고 지금은 사라져 이름도 전하지 않는 사찰들이 여러 골짜기에 둥지를 틀고 있었다.

모든 신앙에서 중요한 성지로 여겼던 만큼, 지리산은 방대한 영역과 웅장한 자태를 지니고 있다. 지리산의 사찰 가운데 가람의 온전한 건축 모습을 보존하고 있는 곳은 실상사, 천은사, 화엄사, 연곡사에 불과하다. 그러나 이들은 모두 한국 불교사에서 중요한 위치를 차지했던 곳들이다. 구산선문(九山禪門)의 하나로 거대한 실상산문(實相山門)을 이끌었던 실상사나, 이름 그대로 화엄종의 중요한 기지였던 화엄사가 그 대표적인 사례이다.

지리산은 하나의 산이 아니라, 수많은 봉우리들과 산맥들로 이루어진 지형적 복합체다. 「대동여지도(大東輿地圖)」를 보면 여러 봉우리와 골짜기가 좋은 터전들을 마련하고 있고, 그 가운데 화엄사와 연곡사는 산맥이 둥그렇게 둘러싼 넓은 형국에 자리잡고 있다. 연곡사를 둘러싼 산맥들이 입구가 좁은 폐쇄형의 분지를 이루고 있다면, 화엄사는 입구가 시원하게 열린 개방형 형국에 입지(立地)하고 있다. 그릇만큼 채워진다는 말이 있다. 화엄사를 창건한 스님들은 미래를 예견하면서, 이곳을 대총림도량(大叢林道場)으로 키울 서원을 했던가 보다. 그들의 믿음대로 1,500년이 지난 지금 지리산 최대의 사찰이요, 신앙적 중심지로 화엄사는 자리매김하고 있다.

### 화엄사 가람의 건축적 의문

그러나 불교사나 건축적 측면에서 보면, 화엄사는 풀기 어려운 의문

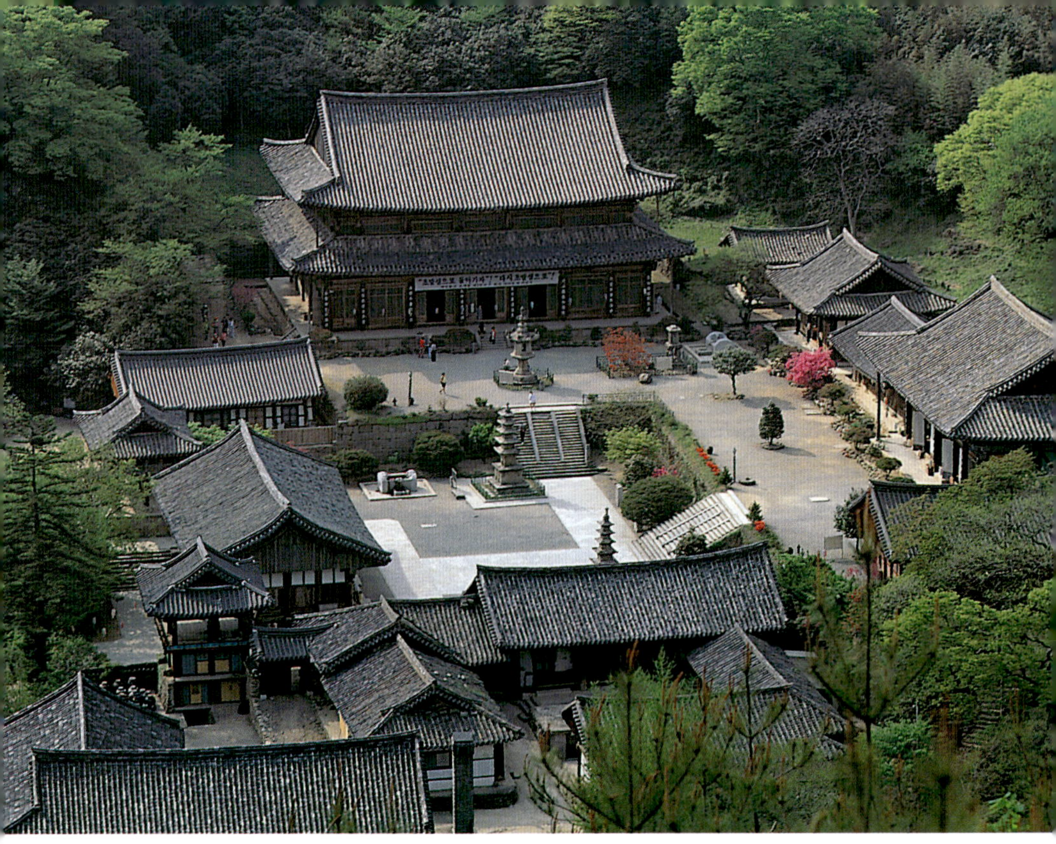

**가람 구성**  거대한 석탑을 경계로 단 위와 단 아래로 나누어지는 화엄사의 가람은 중심 전각인 대웅전과 각황전은 단 위에, 보제루와 승방 요사들은 단 아래에 자리잡았다.

투성이의 가람이다. 화엄사라는 이름에서, 우리는 화엄 신앙 또는 화엄 종과의 깊은 연관성을 상상하게 된다. 보통 화엄 계열의 사찰에는 비로자나불을 모신 대적광전(大寂光殿)이 주불전이 된다. 그러나 화엄사의 주불전은 대웅전이며, 대웅전은 석가모니불을 모신 전각이다. 그런데 화엄사 대웅전에는 석가불이 주존이 아니라, 화엄학에서 말하는 법신－보신－화신의 삼신불(三身佛)이 모셔져 있다. 이 가운데 주존은 바로 비로자나불이며, 석가불은 화신불로서 보조적인 위치에 있다. 이 대웅전은 신앙의 성격상 대적광전의 의미를 지니고 있으며, 건물의 명칭과 신앙적 내용이 일치하지 않는다. 화엄사의 장구한 역사의 과정에서 무언가 중대한 변화와 혼란이 있었던 것이 분명하다.

비록 대웅전이 화엄사의 주불전이라 하지만 규모로 보나, 유명도로 보나 '지리산 화엄사' 하면 떠오르는 건물은 바로 '각황전'이다. 전면 7칸, 2층 규모의 각황전은 5칸 단층의 대웅전 건물을 압도한다. 각황전이 놓인 위치도 대웅전 위치와 비교해서 전혀 손색이 없다. 대웅전이나 각황전 모두 높은 축대 위에 놓여졌는데 대웅전이 남서향으로, 각황전이 남동향으로 놓여 서로 직각으로 바라보고 있다. 건축적으로 말하자면, 화엄사에는 대웅전과 각황전이라는 두 개의 중심이 존재하는 셈이다. 건물 자체가 유력한 신앙의 대상이었던 가람 건축에서는 흔치 않은 배치 방법이다. 하나의 마당에 두 개의 중심이 있게 되면, 일반 신도들의 시선을 분산시켜서 신앙심을 집중시키기 어렵기 때문이다. 그러한 무리를 감수하면서도 의도적으로 두 채의 중심 건물을 직각으로 배치한 이유는 무엇일까?

가람은 거대한 석단을 경계로 단 위와 단 아래의 두 공간으로 나누어진다. 단 위에는 예의 대웅전과 각황전을 비롯하여 영산전과 원통전 등의 예불용 전각들이, 단 아래에는 강당인 보제루와 승방 요사들이 자리잡았다.

조선시대 산사들은 일반 신도를 위한 예배소의 기능을 잃지 않았으나, 그보다는 수십 수백의 스님들이 모여 살면서 수행하던 수도원의 기능이 더욱 강했다. 따라서 생활 공간인 승방들이 많이 건축되어 단 위에는 예배소가, 단 아래에는 수도원이 자리잡은 모습으로 구성되었다. 따라서 화엄사 건축의 가장 중요한 요소라면 바로 이 대석단이 된다. 높이 4미터의 대석단은 중심마당의 북쪽과 서쪽을 감싸는 ㄱ자 형상으로 축조되었다. ㄱ자 석단의 북쪽 부분에는 대웅전을, 서쪽 부분에는 각황전을 앉혔다. 그런데 자세히 관찰하면 두 부분의 석단이 동시에 조

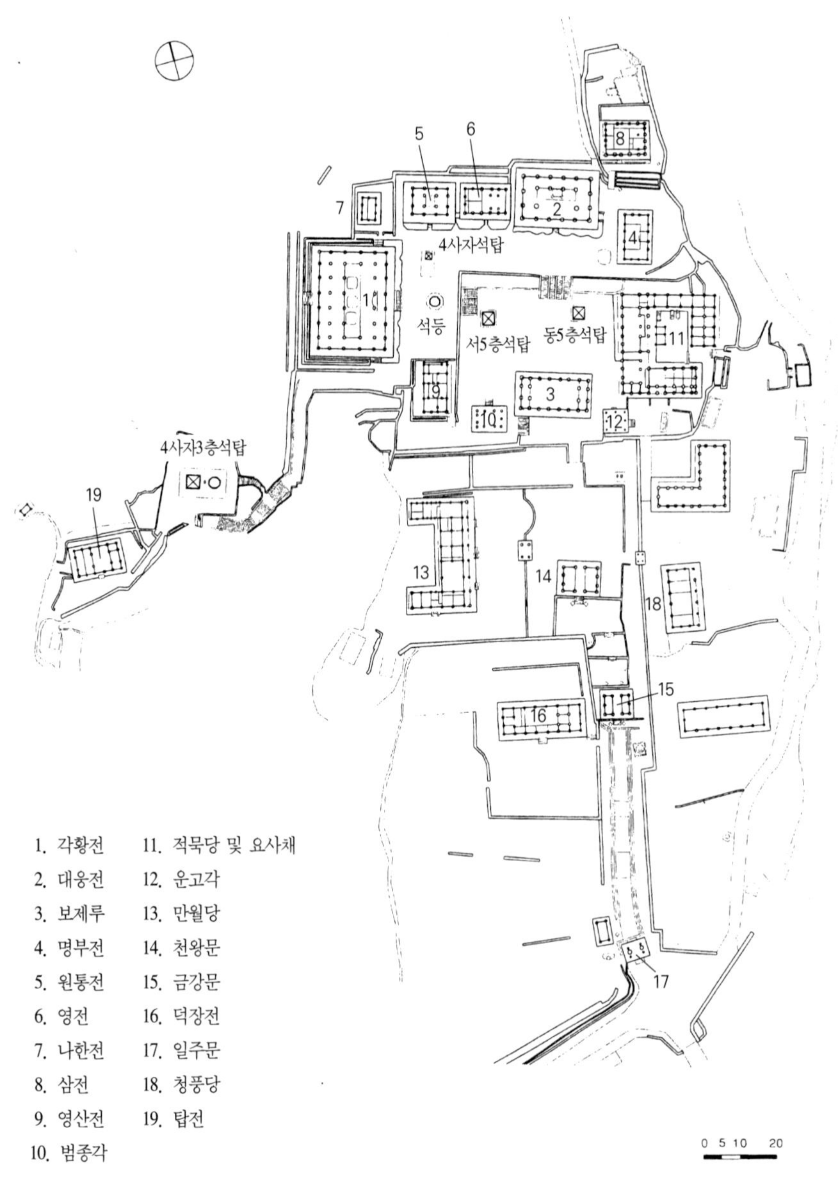


1. 각황전
2. 대웅전
3. 보제루
4. 명부전
5. 원통전
6. 영전
7. 나한전
8. 삼전
9. 영산전
10. 범종각
11. 적묵당 및 요사채
12. 운고각
13. 만월당
14. 천왕문
15. 금강문
16. 덕장전
17. 일주문
18. 청풍당
19. 탑전

**화엄사 배치도**

성된 것이 아님을 알 수 있다. 곧 처음의 석단은 각황전 쪽에만 쌓여졌고, 그뒤 대웅전 쪽을 덧붙여 쌓은 흔적이 뚜렷하다. 이것을 통해 각황전 부분이 먼저 만들어졌고, 훗날 대웅전 부분이 증축됐다는 결론에 이른다. 왜, 언제 이런 중대한 변화가 있었을까?

대웅전 앞 아랫마당 좌우에는 한 쌍의 5층석탑이 세워져 있다. 얼른 보면 감은사지나 불국사 같은 전형적인 신라시대 쌍탑식 가람이라고 여길 정도다. 그러나 두 개의 석탑은 같은 시대에 세워진 것이 아니라, 적어도 150년 정도의 시간차를 두고 세워진 다른 시대의 탑이다. 동서 양탑이 전체 모양과 규모는 유사하지만, 세부 형태와 형식에서는 많은 차이가 있다. 동탑은 단층 기단이고 서탑은 2층 기단으로 이루어져 뚜렷한 형식적 차이를 보인다. 특히 동탑에는 아무런 장식이 없지만, 서탑의 기단과 탑신에는 팔부신중과 사천왕상의 돋을새김이 뚜렷하게 소각되어 있다. 양식적으로 본다면 동탑은 8세기 중반에, 서탑은 10세기 후반경에 세워진 것으로 추정된다. 그렇다면, 원래 단탑식 가람이었던 화엄사는 10세기 후반경 쌍탑식으로 구성 형식을 바꾸었다는 말이 된다. 왜, 무엇 때문에 가람의 형식을 바꾸었을까?

화엄사에 얽혀 있는 이 모든 의문들을 해결할 만한 문헌 기록은 발견되지 않았다. 단지 현존하는 유적과 유물들 그리고 사적기의 단편적 기록을 토대로 추론이 가능할 뿐이다. 그 변화의 과정을 추적하는 가운데 해답의 실마리를 찾을 수 있다. 우선, 몇 개의 중요한 변환기를 중심으로 화엄사의 건축사를 재구성해 보자.

### 창건기 – 암자 수준의 가람

화엄사는 544년 인도의 승려 연기조사가 창건한 것으로 전한다. 창건 당시, 해회당과 대웅상적광전이라는 두 동의 전각을 세웠다고 하니, 이때의 가람은 소규모 암자 수준이었던 것 같다. 창건 기록에도 의문이 없지 않다. '대웅상적광전'이라는 금당의 명칭은 아무래도 후대에 붙여진 이름으로 보인다. '대웅상적광전'이란 대웅전과 대적광전을 합친 것을 의미하는 말로서 석가모니불을 모신 대웅전과 비로자나불을 모신 대적광전을 겸한 금당이라는 뜻이다. 이런 명칭은 고려시대 이후에 등장하는 것으로, 각황전과 대웅전을 같이 가지게 된 후대의 상황을 정당화하기 위해 붙여진 이름으로 보인다.

창건주 연기조사는 범승이라고만 언급될 뿐, 다른 자료는 기록되어 있지 않다. 한자 표현도 '緣起, 烟起, 烟氣' 등 정확하지 않다. 심지어 그가 백제에 올 때 제비를 타고 날아왔다고 해서 '연기(燕起)'라고도 구전되어 온다. 그만큼 연기조사는 전설 속의 인물이다. 옛 백제 지역 고찰들의 창건 설화에 인도 승려들이 등장하는 예가 많다. 백제에 불교를 전해 준 마라난타 스님이 인도 출신이라서 그랬는지, 실제로 서역과 해상 무역을 활발히 벌였던 백제에 인도승들의 왕래가 많아서 그랬는지도 모른다.

642년 신라의 국통인 자장율사가 중건했다고 전하는데, 이 사실을 그대로 믿기는 어렵다. 자장율사가 각황전 아래 9층석탑을 세웠다고도 하고, 뒷산 언덕 효대에 있는 4사자3층석탑과 공양탑을 세웠다고 한다. 그러나 9층석탑의 흔적은 찾을 수 없고, 효대의 석탑들은 빨라야 8세기경의 작품들이다. 640년경은 아직 화엄사가 백제 영토에 속했던 때이며, 백제와 신라의 영토 분쟁이 한창이던 전시 상황이었다. 신라와의 국경에서 멀지 않은 화엄사의 전략적 중요성이 부각되자, 백제에서 확장 중건한 사실을 후대 기록에서 윤색한 것은 아닐까? 당시 정치적 정황이나 현존 유물로 보아서 자장 중건설은 근거가 희박하다.

## 화엄십찰 시절 – 일탑일금당의 가람

670년 의상대사가 현 각황전의 전신인 장륙전을 건립함으로써, 화엄

사는 대대적인 중창기에 접어든다. 의상은 왕명을 받들어 화엄사를 화
엄십찰의 하나로 지정하고 크게 중수했다는 것이다. 3층 4면 7칸의 장
륙전을 건립하고, 그 둘레에 돌로 새긴 화엄경을 둘렀다고 한다. 조선
전기의 기록인『동국여지승람(東國輿地勝覽)』에 "절 속에 한 건물이 있
는데, 네 벽을 흙으로 바르지 않고 모두 청석벽(靑石壁)으로 만들었고,
그 위에 화엄경을 새겼으나 여러 해가 되어 벽이 무너지고 글자가 지워
져서 읽을 수 없다"고 했다. 이 장륙전은 임진왜란으로 불타 없어질 때
까지 존속했던 것으로 보인다. 따라서 장륙전 건립설은 역사적 사실로
받아들여도 무방하다. 그러나, 그 창건 연대와 건립주에 대해서는 의문
이 없지 않다.

　신라가 삼국을 통일한 이후, 화엄 사상은 국가적인 불교 사상이 되었
고, 의상의 제자인 화엄승들이 전국에 퍼져 활동하면서 화엄 신앙의 중
요한 사찰들을 경영하기 시작했다. 이를 후대 기록에서는 '화엄십찰' 이
라고 불렀는데, 의상 생존시에는 나타날 수 없는 명칭이었다. 의상대사
가 생전에 몸소 창건 또는 중건한 사찰은 영주 부석사 정도였으나, 그
의 문도는 3천 명이 넘었고, 수많은 제자들이 전국에 퍼져 불사를 중흥
하게 되었다. 수백 개소의 사찰들이 창건 또는 중건주로서 의상대사를
꼽고 있지만, 대부분 의상계 제자들이 불사를 미화 과장한 기록으로 받
아들이는 것이 합당하다.

　장륙전 벽에 새겼다는 석경의 파편들이 지금도 전해지고 있는데, 석
경편 내용 가운데는『정원본사십화엄』도 포함되어 있다. 이 경전은 797
년에야 비로소 한역(漢譯) 된 것으로 전한다. 따라서 장륙전과 석경 벽
의 건립 연대도 의상대사의 활동기인 670~677년이 아니라, 빨라야 9세
기 초라는 설이 있다. 장륙전이나 석경 벽의 건립 시기가 7세기냐, 9세
기냐 하는 문제보다도 더욱 중요한 사실은 삼국통일 이후 화엄사가 화
엄십찰의 하나로 격상되어 옛 백제 지역의 중심적인 국가적 사찰로 성

장했다는 것이고, 그 건축적 중심은 장륙전이었다는 사실이다.

옛 구례군의 지리지인 『봉성지(鳳城誌)』에는 신라 경덕왕(景德王, 재위 742~764년) 대에 왕명에 의해 화엄사를 중건했고, 이때의 규모는 8당우와 81암자였다고 한다. 이 정도 규모라면 전국적인 화엄십찰의 하나로 손색이 없었을 것이다. 경덕왕대는 경주의 불국사와 석굴암이 조성된 시기로, 안정된 왕권과 축적된 국력을 바탕으로 문화와 예술이 최고의 절정기를 구가하던 때였다. 장륙전의 건립이나 화엄십찰의 지정도 바로 이 시기의 중창 사실과 관련이 있을 것이다.

**기록에 나타난 화엄십찰**

| 삼 국 유 사 | 최 치 원 찬 주 |
| --- | --- |
| 태백산 부석사 | 중악 공산 미리사 |
| 원주 비마라사 | 남악 지리산 화엄사 |
| 가야산 해인사 | 북악 부석사 |
| 비슬산 옥천사 | 가야산 해인사 |
| 금정산 범어사 | 가야산 보광사 |
| 남악 화엄사 | 웅주 가야협 보원사 |
| | 계룡산 갑사 |
| | 금정산 범어사 |
| | 비슬산 옥천사 |
| | 모악산 국신사 |
| | 부아산 청담사 |

화엄십찰의 존재를 기록한 『삼국유사』에는 그 소재지가 6개소만 밝혀져 있다. 그런데 같은 책의 최치원이 찬술한 부록에는 11개소라고 기록되어 있어 서로 차이를 보인다. 아마도 화엄십찰이란 특정하게 정해진 열 개의 사찰을 말하는 것이 아니라, 화엄 신앙의 중요한 사찰을 통칭하는 대명사였는지도 모른다. 그렇다면 기록마다 차이가 나는 것은 당연하다. 물론 지리산 화엄사는 두 기록 모두에 공통으로 수록되어 있

는, 명실상부한 화엄의 중심 가람이었다.

이 시기의 가람 배치를 엿볼 수 있는 기록은 한 줄도 존재하지 않는다. 그러나 확실한 것은 이 시기에 이미 장륙전이 건립되었고, 그 위치는 지금의 각황전이 서 있는 바로 그 자리라는 사실이다. 적어도 각황전의 기단과 초석들 그리고 각황전 앞의 대석단은 변하지 않고 남아 있는 유구다. 이 밖에도 8세기 중반의 것으로 추정되는 각황전 앞의 큰 석등과 아랫마당의 동5층석탑(東五層石塔)을 이 시기의 유구로 볼 수 있다. 지금의 원통전 기단과 초석 일부는 통일신라시대의 것이어서, 원통전 자리에도 어떤 건물이 있었던 것으로 여겨진다.

장륙전은 불상을 모신 금당이라기보다는 경전을 읽고 설법을 행했던 강당의 기능이 강한 건물이었다. 화엄석경을 둘렀다는 것은 건물 전체를 거대한 경전으로 삼았다는 뜻이고, 승려들이 건물 내부를 걸어다니면서 석경을 읽고 그 의미를 새겼던 곳으로 볼 수 있다. 장륙전 정면 중심과 그 앞의 석등 그리고 마당 아래의 동5층탑을 연결하면 거의 일직선을 이룬다. 이 축선이 바로 화엄십찰 시절에 가람의 기준선이 되었을 것이다. 장륙전이 강당이라면, 이 축을 따라 계단 아래쪽인 지금의 서5층석탑(西五層石塔)과 동5층석탑 사이의 어딘가에 금당이 있었을 것이다.

당시에는 대웅전은 물론, 대웅전 쪽의 석단도 아직 나타나지 않았다. 오로지 각황전 쪽의 석단만이 쌓여져, 가람을 동서로 이분하면서 단 위와 단 아래로 나누고 있었다. 종합하면 화엄십찰 시절의 화엄사는 남북축을 기준으로 삼고 있는 현재와는 달리 동서축을 중심으로 가람을 구성하고 있었고, 그 중심축선상에 (동)5층석탑—금당—계단—석등—강당(장륙전)이 일렬로 놓여 있는, 이른바 일탑일금당의 고대 가람 형식에 준하고 있었다고 보인다. 건축사학자인 김홍식 교수는 "그 둘레를 당시 가람에 흔히 등장했던 회랑이 둘러싸고 있었고 회랑이 지나갔던

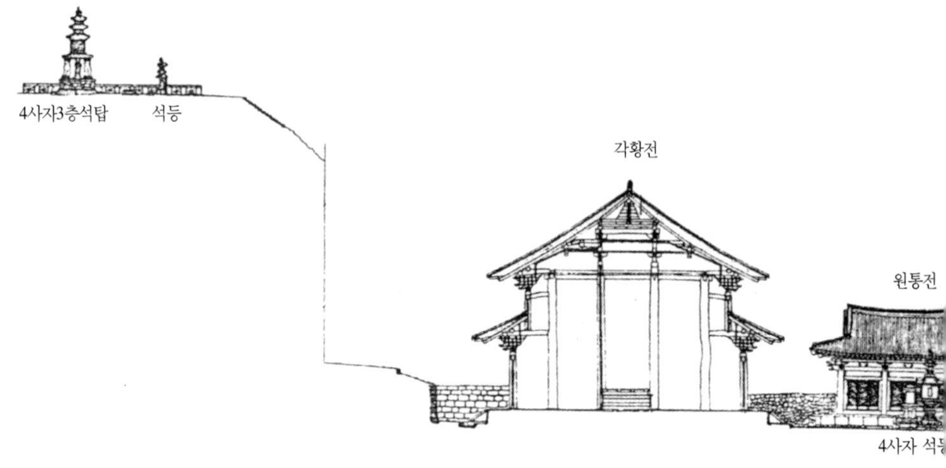


**동서주축선상에서 본 북면**

경계는 지금의 원통전과 보제루 자리 정도였을 거다"고 추정하고 있다.
정문의 정확한 위치는 알 수 없지만, 현 적묵당이 위치하고 있는 부근
임에는 틀림없다. 그렇다면, 당시 화엄사는 현재와 같이 남쪽에서 경사
를 타고 진입한 것이 아니라, 개울을 타고 올라오다가 서쪽으로 꺾인
다음에야 계단과 정문을 들어서게 되었을 것이다.

이러한 추론을 뒷받침해 주는 지형적 근거가 또 있다. 각황전 뒤에는
뚜렷한 봉우리가 있지만, 대웅전 뒤는 열려 있는 계곡이라는 점이다.
고대로부터 한국 건축은 지형을 읽어내는 능력이 뛰어났다. 당연히 이
런 지형이라면 각황전 뒷산이 주산이 되어 가람을 구성했을 것이 확실
하다. 비단 화엄사의 예만은 아니다. 속리산 법주사도 창건 당시에는
현 미륵불입상 자리에 있었던 용화보전이 주불전이었고, 가람의 축은

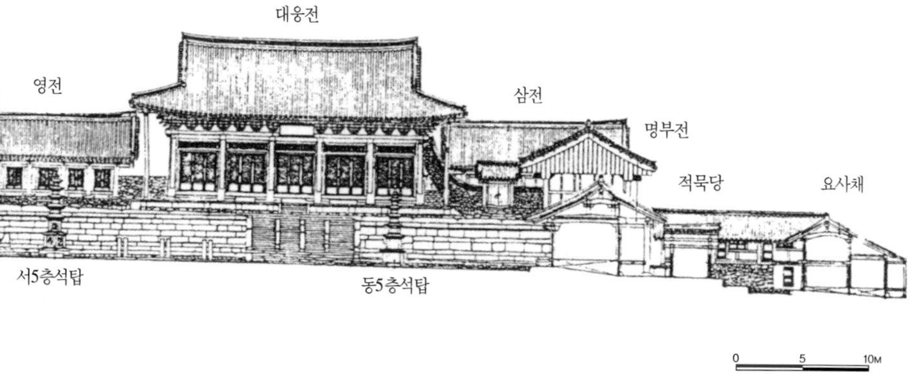


용화보전 뒤의 수정봉이었다(빛깔있는 책들 156, 『법주사』 참조). 그뒤 고려시대에 들어서 대웅보전 등이 증축되면서 가람의 주축이 직각 방향으로 바뀌었다. 구성축의 이동은 사찰 건축의 확장 과정에서 종종 나타나는 현상이다.

### 고려시대 – 쌍탑 가람으로 변화

8세기 중반의 대중창 이후에 등장하는 건축 기록으로는 875년 도선국사가 크게 중창했다는 것과 886년 광학장(光學藏)이 건립되었다는 기록이 전한다. 도선국사가 화엄사에 잠시 주석하면서 1,300여 동의 건물을 중창했다는 전언(傳言)은 아무래도 믿기 어렵다. 1,300여 동이라는 건물 숫자를 우선 신뢰할 수 없다. 1,300칸을 잘못 쓴 것은 아닐까? 광

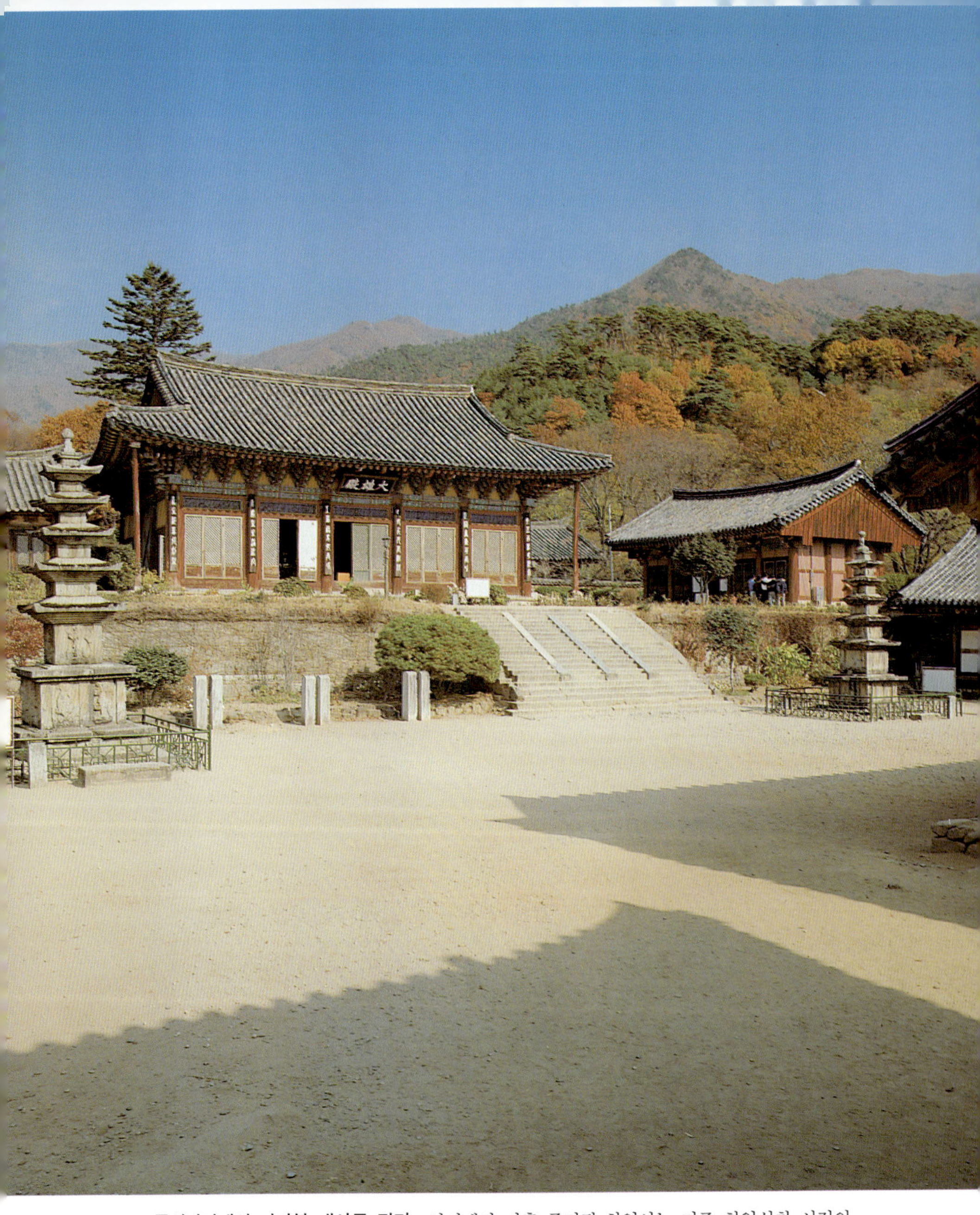

**중심마당에서 바라본 대사구 전경**　임진왜란 이후 중건된 화엄사는 기존 화엄십찰 시절의
가람과 고려조의 쌍탑 가람의 흔적을 고스란히 간직하고 있다.

학장은 설법을 하던 강당 건물로 신라 하대 헌강왕이 의문스럽게 죽은 뒤, 그 왕비가 화엄사로 출가하면서 건립된 31칸의 건물이다. 어쨌든 9세기 중반까지 화엄사는 화엄종 계열의 중심 사찰로서 국가적 후원과 명성을 지니고 있었던 것이 확실하다.

화엄 계열이 신라 불교계의 주류를 이루면서 분열하는 현상도 나타났다. 화엄학이 수입되던 초기에 이미 원효계와 의상계로 나누어 전파되었다는 견해도 있지만, 더욱 확실한 것은 신라 말 고려 초의 분열 양상이다. 당시 화엄계의 총림이라 할 수 있는 해인사에는 두 명의 화엄 종장이 있었다. 한 사람은 고려 왕건의 복전(福田)으로 활약하던 승려 희랑이었고, 다른 이는 후백제 견훤의 복전이었던 관혜라는 인물이다. 태백산 부석사와 가야산 해인사를 중심으로 활약했던 희랑의 제자들은 '북악파(北岳派)', 지리산 화엄사를 중심으로 활동하던 관혜의 문도들은 '남악파(南岳派)'라는 이름이 붙여졌다.

북악 대 남악의 분열은 후삼국시대의 정치적 관계까지 겹쳐지면서 서로 화합할 수 없는 극단적인 대립으로 전개되었다. 북악파의 후손이던 고려 전기의 균여 스님은 남북악의 극단적 갈등을 개탄하면서 종단의 화합을 기원할 정도였다. 화엄종 또는 화엄학의 분열은 종단 전체를 약화시켰고, 그전까지 불교계에서 누리던 독점적인 지위마저 흔들리게 되었다. 그러는 사이 교종 계열인 법상종의 세력이 확대되었고, 왕실의 지원을 받은 천태종이 창종되어 주요 종파로 자리잡는다. 후일 무신정권의 후원 아래 성장한 조계종까지 더해져서, 고려시대 불교계는 화엄종과 법상종, 천태종과 조계종의 4대 종파가 공동으로 주도하게 되었다.

신라 말 화엄종 남악파 본산지로 위세를 떨치던 화엄사는 후원 세력이던 후백제 견훤의 몰락과 함께 그 정치적, 교계적 지위가 약화되었을 것임은 쉽게 짐작할 수 있다. 그런데 943년, 고려 왕실에서는 화엄사에

일대 중창 불사를 벌이게 된다. 고려 건국 최대의 적인 견훤의 편에 서서 사상적 지주 역할을 했던 화엄사를 크게 확장했다는 사실을 어떻게 해석해야 할까? 어쨌든 지금의 서5층석탑을 여러 책에서 고려 초에 중창한 것으로 기록하고 있어서 어떤 형태로든 큰 변화가 있었던 것은 확실하다.

동5층탑과 닮은꼴의 서5층석탑을 의도적으로 만들고, 그것도 기존의 탑과 대칭되는 위치에 동서로 나란히 세웠다는 사실은 화엄사가 일탑식 가람에서 쌍탑식 가람으로 근본적으로 변화했다는 것을 의미한다. 아울러 기존 각황전 앞 석단에 직각으로 면하여 새로운 석단을 이어 쌓고, 그 위에 전각들을 새롭게 세웠다. 현재 대웅전이 앉아 있는 단 윗부분이 이때 조성된 것으로 보인다. 당시 단 위에 새롭게 건립된 건물이 지금과 같은 대웅전이었는지는 알 수 없다.

만약 현재와 같이 석가모니를 모신 대웅전을 주불전으로 새롭게 건립하고, 대웅전을 기준으로 좌우에 쌍탑을 둔 가람 형식을 구축했다면, 이는 화엄사의 주된 신앙이 화엄 계열에서 다른 신앙으로 바뀌었다는 것을 의미한다. 곧, 정치적으로 패배한 남악파의 본산 화엄사는 그 실질적 주인이 다른 종파 또는 다른 신앙 계열로 바뀌게 되었고, 가람의 건축 형식도 화엄계 일탑 형식에서 쌍탑 형식으로 바뀌었다는 추론이 가능하다. 이를 두고 도선대사의 도참 사상에 따라 가람의 구조가 바뀌었다는 주장도 있지만, 그보다는 화엄사의 주된 교학이 바뀐 결과로 보는 것이 더욱 타당하다.

화엄 계열의 가람들은 유독 일탑식 배치 형식을 선호했다. 자세한 논증은 생략하겠지만, 화엄의 교리와 일탑 배치 형식은 밀접한 관련이 있다. 이를 바꾸어 쌍탑 형식으로 전환했다는 점을 확대한다면, 화엄종에서 다른 종파로 전환했다고 해석할 수도 있다. 그 새로운 종파가 무엇이었는지는 알 길이 없다. 그러나 석가모니의 법화 신앙을 중시했고,

쌍탑 가람 형식을 비교적 선호했던 천태종과 관련이 있을 가능성을 상정해 볼 따름이다.

고려 초에 변화된 화엄사의 모습은 대략 이러하다. 기존의 장륙전 부분은 그대로 존속한다. 단, 장륙전 북쪽의 회랑을 철거하고, 그쪽에 석단을 이어 붙여서 전체적으로 지금과 같은 ㄱ자 석단을 구성했다. 새로이 조성된 단 위 중앙부에는 새로운 금당을 신축하고, 그 정면에 거대한 계단을 만들었다. 단 아래에 있던 금당을 철거하고 그 근처에 새로이 서5층탑을 세워서 기존 탑과 좌우 대칭을 이루게 했다. 이렇게 함으로써 가람의 정면은 각황전이 바라보이는 남동향에서 대웅전의 남서향으로 90도 바뀌게 되었다. 다시 말해, 가람의 중심축이 각황전 축에서 대웅전 축으로 직각 이동을 하게 되었다.

## 선종 대본산으로서의 화엄사

고려시대에 숱하게 중수·중선뇌었다는 기록은 있지만, 구체적으로 어떤 건물들이 없어지고 세워졌는지 분명치 않다. 11세기 중반 거대한 창고 두 채가 일주문 바깥에 세워졌다는 정도만 전할 뿐이다. 조선조가 개국하면서 불교계는 축소 통폐합의 시련에 직면하게 된다. 이 시기에 화엄사가 어떻게 변모했는지는 전하지 않지만, 1426년 선종 대본산으로 승격되면서 다시 영화로운 시기를 맞게 된다. 그런데, 교종의 핵심인 화엄십찰에서 선종으로 종파가 바뀌었다는 점을 주목할 필요가 있다. 고려 초 큰 변화의 과정에서 선종 계열인 천태종으로 바뀌었을 개연성을 다시 한번 생각해 볼 일이다.

어찌 되었든, 신라 때 조성된 장륙전은 물론 석경 벽도 무사히 조선 전기까지 보존되었다. 그러나 임진왜란의 와중에서 화엄사의 모든 전각들은 모조리 불타서 폐허가 되고 말았다. 1593년, 크고 작은 5,000여 칸의 전각들과 인근 연곡사도 불타 버렸다고 기록에 전한다. 물론 석경

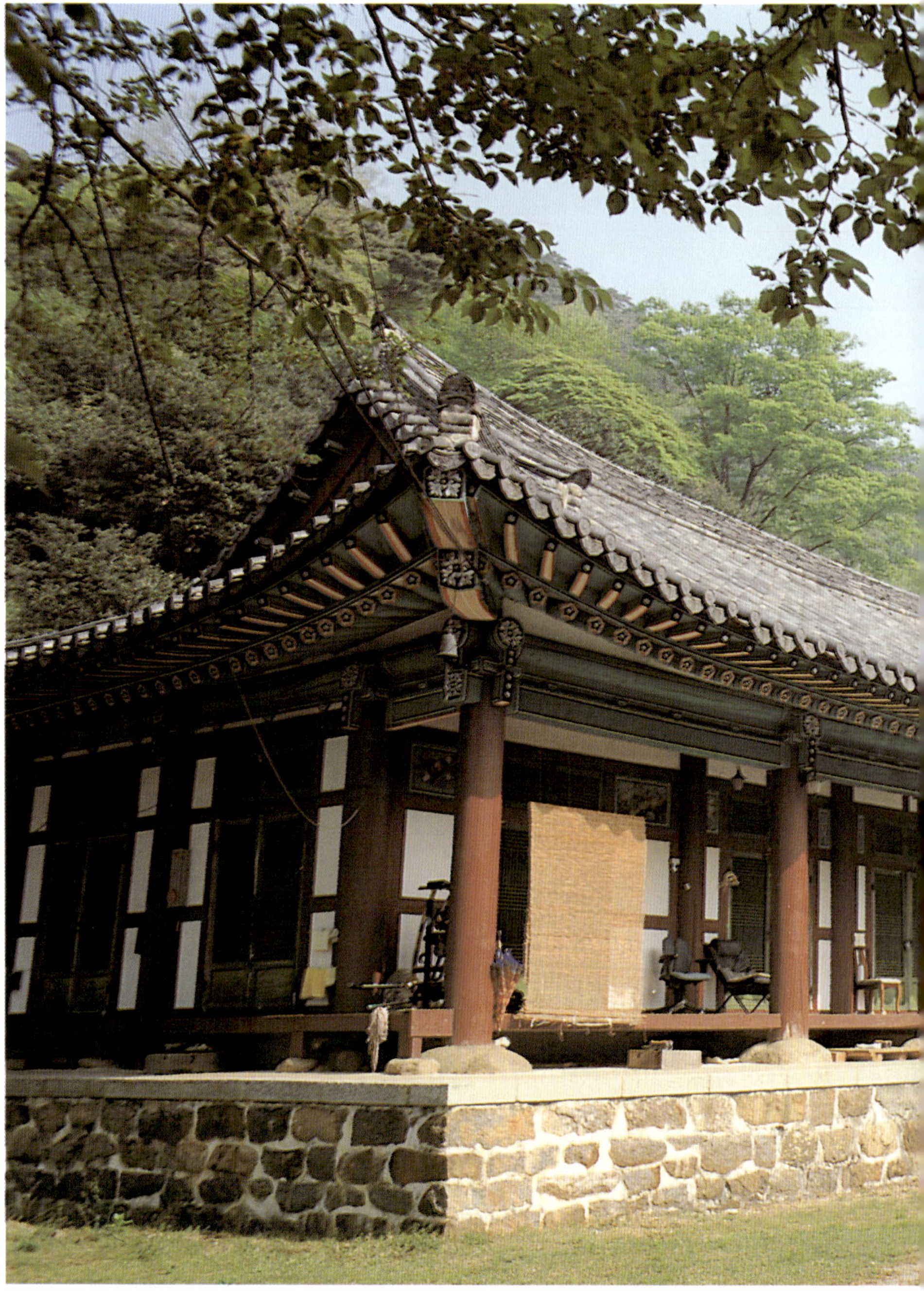

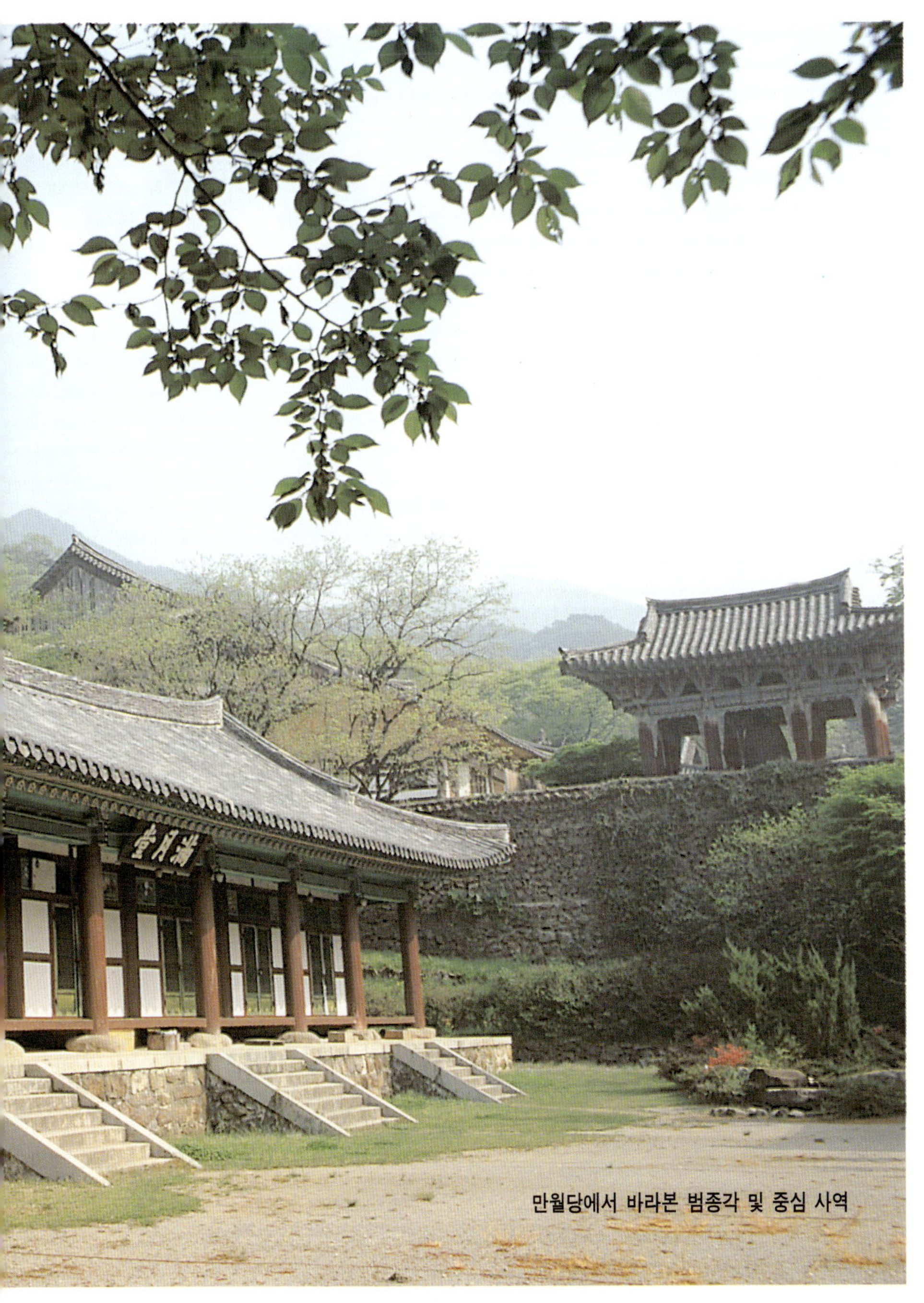

만월당에서 바라본 범종각 및 중심 사역

벽도 불에 타서 몇 조각의 파편만이 현재 전하고 있다.

화엄사 재건이 시작된 것은 전쟁이 끝난 지 37년 만인 1636년이었다. 이때 중창주는 벽암 각성선사로, 그의 정치적 역량에도 불구하고 대웅전을 중심으로 한 일부만 겨우 중건할 수 있었다. 당시의 전국적 경제 상황이 그만큼 어려웠다는 증거이기도 하다. 본당인 대웅전, 그 앞의 보제루, 대웅전 옆의 명부전 그리고 입구의 해탈문과 천왕문 정도를 세울 수 있었다. 또 하나의 중심인 장륙전은 후대의 임무로 넘길 수밖에 없었다.

장륙전은 1702년에 와서야 중건된다. 원래 3층이었던 규모는 지금과 같이 2층 규모로 축소되었고, 내부 공간도 시대의 변화에 따라 바뀌어 중건되었다. 장륙전 중건의 화주승은 계파 성능대사였는데, 숙종과 왕실의 적극적인 후원에 의해 기적적으로 공사를 마칠 수 있었다. 이때의 주요한 시주로는 후일 영조가 된 연잉군과 숙빈 그리고 집권 관료들이 대거 참여했었다. 왕실의 각성과 후원 때문에 세워졌다 하여, 건물의 이름도 장륙전에서 '각황전(覺皇殿)'으로 바뀌었다.

전후의 중건 과정에서 고대 가람의 요소였던 회랑들은 복원되지 않았다. 조선시대 산중 불교에는 맞지 않는 기능이었기 때문이다. 대신, 해탈문-금강문-천왕문들을 세워 긴 진입로를 만듦으로써 선문 사찰의 특색을 부각시켰다. 그러나 근본적인 가람의 틀은 바뀌지 않았다. 고려 초 증축된 ㄱ자 석단부라든가, 각황전과 대웅전의 규모와 위치 등은 그대로 이전의 예를 따랐다.

각황전 중건과 아울러 원통전을 중건했다. 원통전 역시 이전의 오래된 기단과 초석을 그대로 이용하여 지었다. 그뒤 보조불전과 승방들의 중건이 뒤따랐다. 나한전 창건(1795년), 적묵당 중건(1798년), 영전 창건(1812년), 보제루 중수(1827년), 응향각 및 삼전 중건(1836년), 영산전 창건(1874년), 운고각 중건(1914년) 등이 주요한 건축 기록이다.

　조선시대, 특히 임진왜란 이후 중건된 화엄사는 그 이전의 고대 가람 적 요소를 일소(一掃)하고 산중 참선 도량으로서의 성격을 강하게 띠게 되었다. 일정한 격식 없이 비교적 자유로운 배치로 외부 공간에 긴장감을 부여하고 있으며, 크고 작은 전각들은 자연과 조화시켜 선 미학의 정수를 보여 준다. 그러나 더욱 중요한 사실은 비록 조선시대의 화엄사가 선종 대본산으로 재건축됐다고는 하지만, 기존 화엄십찰과 고려조의 쌍탑 가람의 흔적을 고스란히 간직하고 있다는 점이다. 옛것의 바탕 위에서 새 질서를 구축하는 중건의 정신이야말로 화엄사와 한국의 가람 건축에서 배울 수 있는 최대의 건축적 교훈이다.

## 화엄사의 가람 배치

　화엄사는 지리산 지맥인 원사봉과 형제봉 사이의 골짜기에 자리잡고 있다. 골짜기의 중앙에는 대웅전과 각황전이 자리잡았고, 각황전 뒷산을 오르면 유명한 4사자3층석탑과 공양탑이 세워진 언덕이 나오는데 이 부분을 효대라고도 부른다. 대웅전과 삼전 사이에 난 오솔길을 따라 북쪽으로 오르면 암자인 구층암이 있고, 일주문을 들어가기 전 다리 건너 남쪽에는 지장암이 자리잡고 있다.

　골짜기의 계곡을 따라 올라가면 이 절의 사역(寺域)이 전개되는데, 가장 먼저 나타나는 것은 나지막한 일주문(일명 해탈문)이다. 일주문에서 다음 산문인 금강문까지는 강돌이 깔린 긴 포장도로가 전개되고, 좌우로는 키 큰 나무들이 일렬로 심어져 있다. 포장로는 경사져 있으면서도 중앙의 네 군데에 낮은 단을 만들었다. 또 이 길은 오른쪽으로 살짝 휘어져 있다. 단이 없는 경사로라면 그 경사진 정도와 길이를 알기 어렵다. 그러나 이 길과 같이 중앙에 낮은 단을 만들면, 그 단들이 길이

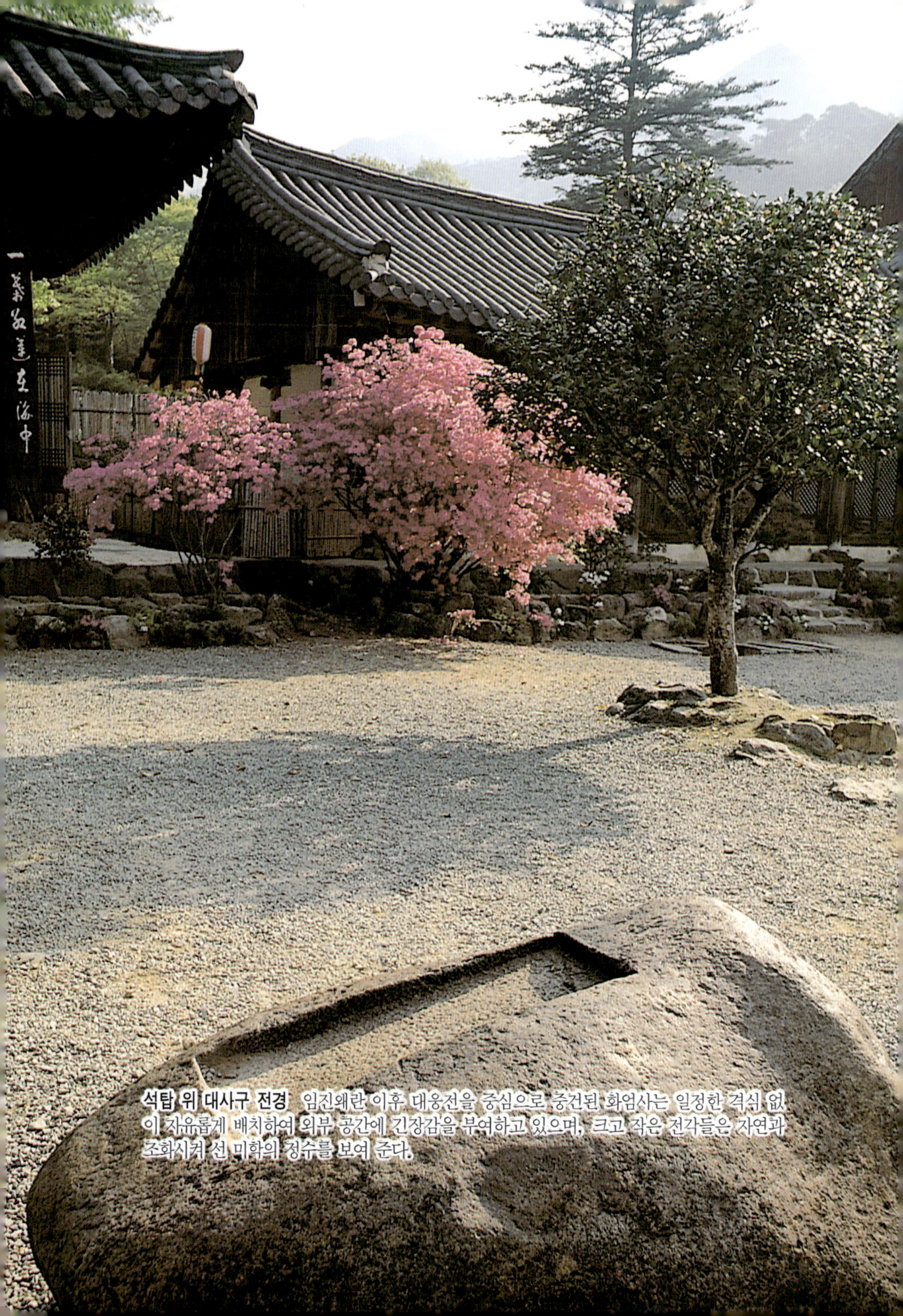

**석탑 위 대사구 전경**  임진왜란 이후 대웅전을 중심으로 중건된 화엄사는 일정한 격식 없이 자유롭게 배치하여 외부 공간에 긴장감을 부여하고 있으며, 크고 작은 전각들은 자연과 조화시켜 선 미학의 정수를 보여 준다.

를 가늠할 수 있는 기준선이 되어 깊이감이 강조된다. 또 길이 곧으면 역시 길이를 가늠하기 어려워 짧게 보이지만, 여기와 같이 약간 휘어져 있으면 실제보다도 오히려 길게 느껴진다. 진입로부터 예사롭지 않은 모습이다.

길이 휘어질 수 있는 까닭은 금강문에 비해 해탈문이 동쪽으로 약간 틀어 앉았기 때문이다. 다시 말해서, 금강문은 해탈문보다 약간 서쪽에 세워졌다. 금강문뿐 아니다. 그 뒤에 있는 천왕문은 더욱 심하게 서쪽으로 치우쳐 있고, 그 다음에 나타나는 보제루 역시 서쪽으로 치우쳐 세워졌다. 해탈문부터 4동의 건물들이 조금씩 서쪽으로 밀려 들어가도록 계획된 것이다. 이는 진입구와 중심 영역의 축선이 일치하지 않기 때문에 나타난 결과이다. 화엄사의 입지 조건상 가장 적합한 진입구는 계곡이 휘어지는 해달문 자리이고, 각황전이 있는 중심 영역은 산세 때문에 진입구보다 서쪽에 형성될 수밖에 없는 모순을 가지고 있다. 그러나 화엄사의 건축가들은 진입로를 휘게 하여 전체적인 배치를 서쪽으로 조금씩 밀어 넣음으로써, 이 지형적 단점을 오히려 화엄사만의 공간적 장점으로 바꾸어 버렸다. 대지를 마음대로 다루는 탁월한 솜씨다.

보제루는 2층 누각이다. 아래층에는 육중한 기둥들만 세워 비워 놓았고, 위층에 실내 공간을 만들어 강당으로 사용한다. 다른 사찰에 이런 형식의 강당이 놓여졌다면 당연히 아래층을 가로질러 중심마당으로 올라가는, 이른바 '누하진입(樓下進入)'의 방식을 택했을 것이다. 그러나 화엄사 보제루는 아래층을 통과할 수 없고 건물 옆면을 돌아서 올라가도록 되어 있다. 보제루는 정면이 7칸인 긴 건물이다. 건물 앞으로 오르는 계단은 정중앙인 네 번째 칸이 아니라, 동쪽에서 두 번째 칸에 설치되어 있다. 이 역시, 앞서 살펴본 점진적 서향의 배치 원칙을 따른 기교다.

보제루 앞에 이르면 좌우로 두 갈래 길을 통해 중심마당으로 올라갈

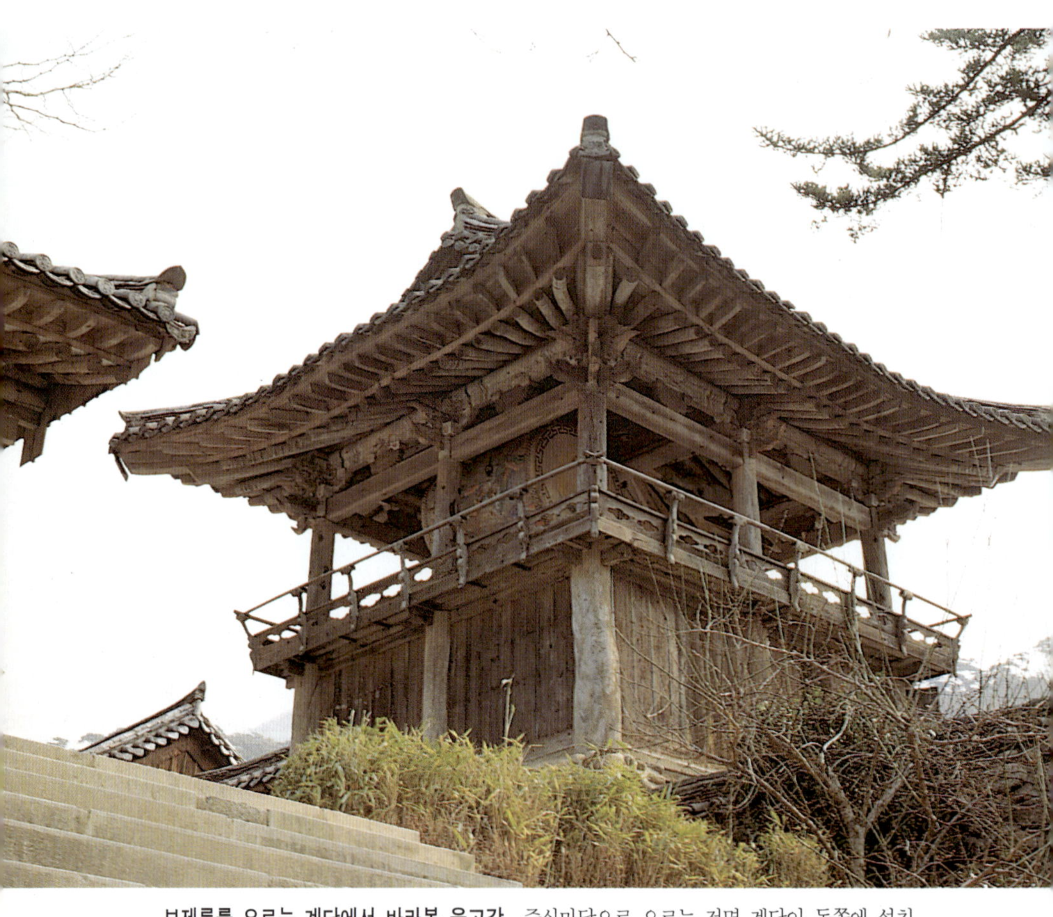

보제루를 오르는 계단에서 바라본 운고각  중심마당으로 오르는 전면 계단이 동쪽에 설치되어 있는 등 보제루의 진입 동선에는 몇 가지 절묘한 건축적 장치가 숨어 있다. 사진:김성철

수 있는데, 대부분의 참배객들은 오른쪽으로 돌아 올라가게 된다. 보제루의 동쪽, 운고각이 있는 쪽으로 자연스럽게 진입하는 것 같지만, 여기에는 몇 가지 절묘한 건축적 장치가 숨어 있다. 우선 전면 계단이 건물의 동쪽으로 치우쳐 있기 때문에 동쪽 길은 짧고, 반대쪽 길은 멀다. 원래 20세기 중반까지는 현재의 종각 자리인 서쪽에 운고각이 있었다. 그뒤 운고각을 동쪽으로 옮기고 그 자리에 종각을 신축했다. 따라서 중심마당에 오르는 계단은 동쪽에만 설치되었고, 운고각이 있는 서쪽은 막혀 있었다. 따라서 현재에도 그렇지만, 원래는 당연히 동쪽으로만 오를 수 있도록 계획되었다.

## 두 개의 중심 – 각황전과 대웅전

보제루의 동쪽을 돌아서 중심마당으로 진입해야 하는 중요한 이유가 있다. 그 이유는 바로 화엄사 전체 가람 배치의 가장 중요한 문제를 해결하기 위함이었다. 앞서 화엄사의 건축사를 살피면서, 각황전을 중심으로 한 일탑일금당 형식이 고려 초에 대웅전 중심의 쌍탑식 가람으로 변화된 과정을 추적해 보았다. 결과적으로 각황전과 대웅전이라는, 하나의 가람에 두 개의 중심이 있을 수밖에 없는 배치 형식을 수용했다. 그런데 문제는 대웅전이 각황전보다 훨씬 작은 규모여서 외형적으로 차이가 심하다는 사실이었다. 보제루의 동쪽을 돌아서 올라가야 하는 이유가 바로 이 이율배반적 문제를 해결하기 위함이었다.

보제루의 동쪽을 돌아 오르면 운고각과 적묵당 사이에 서게 된다. 이 지점은 중심마당의 남동쪽 모서리에 해당하며, 전체 가람을 바라볼 수 있는 이곳은 각황전에서 가장 멀리 떨어진 지점이다. 대웅전까지의 거리는 각황전까지의 절반에 불과하다. 2층 7칸의 큰 각황전은 멀리 보이고, 1층 5칸의 대웅전은 가까이 보인다. 또, 각황전까지의 중간에는 대석단이 가로막아서 각황전 전체를 드러내지 않는다. 반면 대웅전은 그 앞의 석단에 바짝 붙어 있어서, 대웅전의 전체 모습이 올려다보인다. 각황전이 대웅전의 2배 정도의 크기지만, 거리에 반비례하는 시각적 차이를 이용하여 결과적으로 두 개의 건물은 거의 비슷한 규모로 보이게 된다. 절대적으로 큰 차이가 있는 두 개의 건물을 상대적 시각으로 보이게 하여 동등한 중심으로 바꾸어 놓은 절묘한 건축적 장치다.

각황전과 대웅전을 동등한 중심 건물로 부각시키기 위한 의도는 곳곳에서 발견할 수 있다. 우선 두 건물 앞에 설치된 큰 계단들이 차이가 난다. 먼저 설치된 각황전 앞 계단은 3칸으로 구획된 것이지만, 후에 설치된 대웅전 계단은 4칸으로 구성되었다. 건물 크기는 대웅전이 작지만, 계단은 더 크다. 또한 보제루 동쪽에서 보면, 가까운 대웅전의 계단이 훨씬 부각된다. 대웅전 쪽으로 시각을 유도함으로써 크기의 결점을 보완하려는 의도로 보인다.

마당에 놓인 두 5층석탑의 위치에 주목해 보자. 형태가 비슷한 이런 형식의 쌍탑은 대웅전 앞 좌우에 대칭되게 놓는 것이 일반적이다. 그러나 화엄사의 두 탑 위치는 좌우로 나란하지도 않고, 대칭적인 거리를 유지하지도 않는다. 서탑이 동탑보다 앞으로 튀어 나왔고, 대웅전 중심에서 동탑보다 2배 이상 떨어져 서 있다. 형태는 유사하지만, 위치는 매우 비대칭적이다.

그러나 두 탑의 위치를 비대칭적으로 보는 관점은 대웅전 좌우를 기준으로 보았을 때이다. 보제루 동쪽―이곳을 시각점이라 부르자―을 중요한 기준점으로 보았을 때는 전혀 다른 장면을 볼 수 있다. 이 시각점에서 보면 동탑은 대웅전에, 서탑은 각황전에 소속된 것으로 보인다. 동탑은 정확히 대웅전의 중앙에, 서탑은 각황전의 중앙에 놓여진 것으로 보이기 때문이다. 다시 말해서, 시각점―동탑―대웅전이 일직선상에 놓이고, 시각점―서탑―석등―각황전을 잇는 축선 역시 일직선을 이룬다. 마치 두 개의 일탑일금당이 시각점에서 모여 있는 것과 같은 절묘한 양상이다. 이 역시 대웅전과 각황전을 동등한 두 개의 중심 전 각으로 자리매김하기 위한 장치이며, 서탑의 위치가 동탑과 대칭되지 않는 이유는 바로 여기에 있다. 화엄사의 가람 배치는 평면적 형식적으로 구성된 것이 아니라, 입체적이며 역동적으로 구성되었다. 따라서 평면도 상에서는 비대칭적이며 불규칙하게 보이지만, 실제로는 안정되고 질서가 잡힌 완전한 공간을 이룬다.

두 개의 중심이 한 공간 안에 있을 때, 자칫하면 공간적 일체감이 약화되기 쉽다. 특히 각황전이라는 독창적인 건물이 한 축을 형성하는 화엄사의 경우 특히 그럴 위험성이 높다. 그러나 화엄사 가람은 각황전과 대웅전 사이에 여러 채의 변화 있는 건물들을 배치함으로써 두 개의 중심을 하나로 통합하고 있다. 각황전부터 대웅전 쪽으로 나한전—원통전—영전이 나란히 놓여 있는데, 그들의 크기가 각기 다르다. 원통전이 비교적 크고 나한전과 영전은 작다. 그럼으로써 일정한 운율을 얻고 있다. 각황전—나한선—원통전—영전—대웅전으로 이어지는 전각들의 배열을 크기 순으로 보면, ‘강—약—중강—약—강’의 변화 있는 운율이 형성되고, 결과적으로 양끝 두 개의 중심 건물을 하나로 연결하는 효과를 거둔다.

일단 대웅전 앞으로 유도된 참배객들은 전각들의 운율에 이끌려 각황전 앞까지 자연스럽게 흘러간다. 그러나 여기서 끝나지 않는다. 각황전 남쪽 측면과 영산전 사이로 나 있는 계단이 다음 단계의 공간으로 유도하기 때문이다. 긴 계단을 가파르게 오르면 희한하게 생긴 4사자3층석탑과 공양탑이 마주보고 있는 지역에 다다른다. 일명, 효대로서 화엄사의 창건 정신이 담겨 있는 매우 상징적인 공간이다. 해탈문에서 시작하여 금강문과 천왕문을 거쳐, 보제루를 돌아 대웅전—원통전—각황전을 잇는 긴 참배로의 최종적인 대상물이기도 하다.

이러한 참배 동선이 구축된 것은 조선 후기의 일로 추정된다. 여러 가지 이유로 가람의 배치 형식이 크게 변화되었고, 이에 맞추어 진입과 참배의 동선을 재구성하고, 가람의 질서를 재편하였다. 그러나 기존의 건물들과 시설물에는 크게 손대지 않았다. 과거의 유산을 존중하고 보존하면서도 전혀 새로운 건축적 질서로 재편시킨 뛰어난 예를 화엄사에서 발견할 수 있다.


## 화엄사의 전각들

### 각황전(국보 제67호)

670년경 의상대사가 창건했다고 전하는 장륙전의 후신으로, 임진왜란 때 불타 없어진 것을 계파선사가 1699년에 시작하여 1702년 중건한 건물이다. 원래는 3층 건물로 내부에는 화엄경을 새긴 석벽이 세워져 있어 강당으로 사용되었던 듯하다. 계파의 중건 때, 지금의 장륙전 기단과 초석을 그대로 이용하여 2층과 같은 모습으로 건축하였다. 정면 7칸, 측면 5칸의 대규모 건물이며, 조선시대 중층 불전 건물을 대표하는 우수작이다.

임진왜란 때 모두 불타 폐허가 된 화엄사는 1636년 벽암선사에 의해 일대 중창 불사가 벌어진다. 그러나 대웅전과 승방 등 당장 필요한 최소의 건물들만 중건되었고, 대규모 건물인 장륙전의 중건은 벽암의 제자뻘인 계파선사에게 임무가 넘겨졌다. 당시의 사찰 경제로는 이같이 엄청난 불사를 벌일 여력이 없었다. 기적과도 같은 각황전 중건에 얽힌 절절한 설화가 사적기에 전해 온다.

이 설화를 통해 우리는 몇 가지 중요한 사실을 발견할 수 있다. 우선, 당시 여건으로 전각 중창에 따른 재원을 마련하기가 무척 힘들었다는 사실이다. 불교의 시주층이라야 기껏 가난한 농민들이나 아녀자들이었다. 따라서 재원을 담당할 화주를 누구도 맡기 싫어해서 부엌일이나 하던 말단 계파선사에게 억지로 떠맡겨졌다. 무엇보다도 중요한 사실은 숙종을 비롯한 당시 왕실의 적극적 후원이 없었다면, 각황전의 중창은 불가능했다는 점이다. 각황전의 정교한 결구나 합리적 구조 체계를 본다면, 왕실의 재정적 정치적 후원은 물론, 기술적인 도움도 적지 않았을 듯하다. 그러면, 무엇 때문에 지리산 골짜기의 일개 지방 사찰에 이례적으로 왕실의 후원이 있었던 것일까? 그 정확한 이유는 알 수 없다. 그러나 각황전과 같은 시기에 창건된 원통전에서 어떤 연관성을 찾을 수 있다.

현재의 원통전은 관세음보살을 모신 불전이지만, 그 공간 형식은 조선 후기 지방 유력 사찰에 유행했던 왕실 원당 형식과 유사하다. 화엄사 측에서 왕실의 안녕을 기원하는 원당을 개설하는 조건으로 왕실의 후원을 얻어낸 것이 아닌가 추측된다.

장륙전 시절의 모습은 현손하는 유구를 통해서 추정할 수 있다. 일제 강점기에 각황전 중수가 있었는데, 그때 해체된 건물 바닥의 모습이 도면으로 전한다. 현재와 같은 대규모 불단이 없었고 중심부에 독립된 세 개의 작은 불단이 설치되어, 예불을 드리던 불전이라기보다는 설법과 집회가 행해진 강당에 가까웠던 것 같다. 초창 때의 초석들이 그대로 남았는데, 특이하게도 건물 안쪽 열의 초석들 양쪽으로 직선형의 고맥이(벽체를 받치기 위해 돋을새김한 띠 모양 조각) 흔적이 뚜렷하다. 또 이 열의 초석 가운데 네 모서리의 초석에는 고맥이가 직각 방향으로 나 있다.

장륙전의 모습을 복원해 보면, 정면 5칸, 측면 3칸을 이루는 건물의 안쪽 기둥들 사이에는 예의 석벽을 사방으로 두르고, 거기에 화엄경을 빼곡하게 새겼다. 그리고 중심 3칸에는 작은 불대좌 3구를 놓아 불상을 안치했다. 장륙전이란 명칭은 16자 크기의 불상을 봉안한 건물들에 흔

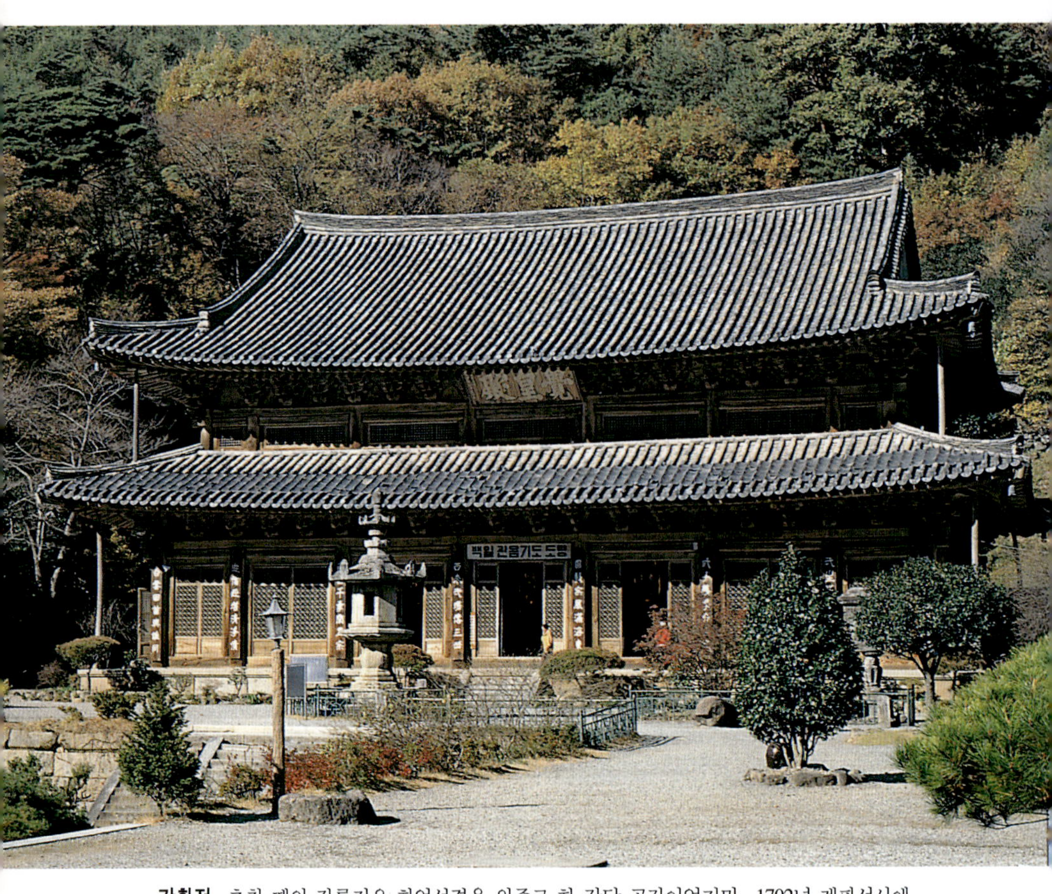

**각황전** 초창 때의 장륙전은 화엄석경을 위주로 한 강당 공간이었지만, 1702년 계파선사에 의해 중건되면서 각황전은 완벽한 예불 공간으로 바뀌었다.

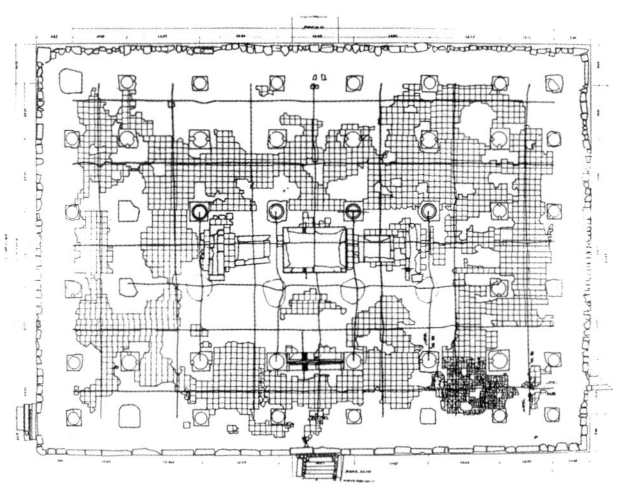

중수 전 해체된 건물 바닥 평면도(1층)

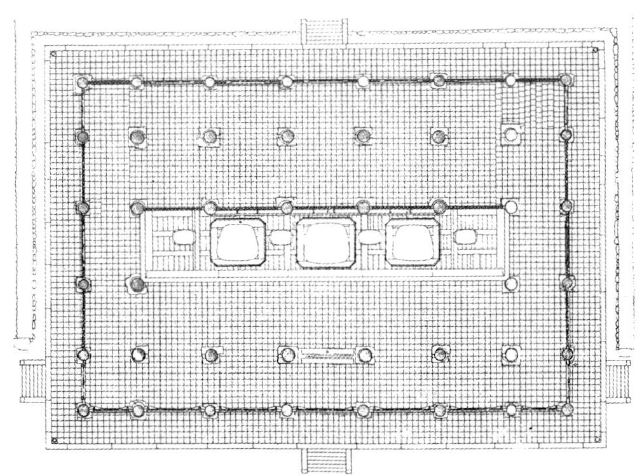

각황전 중수 후 평면도(1층)

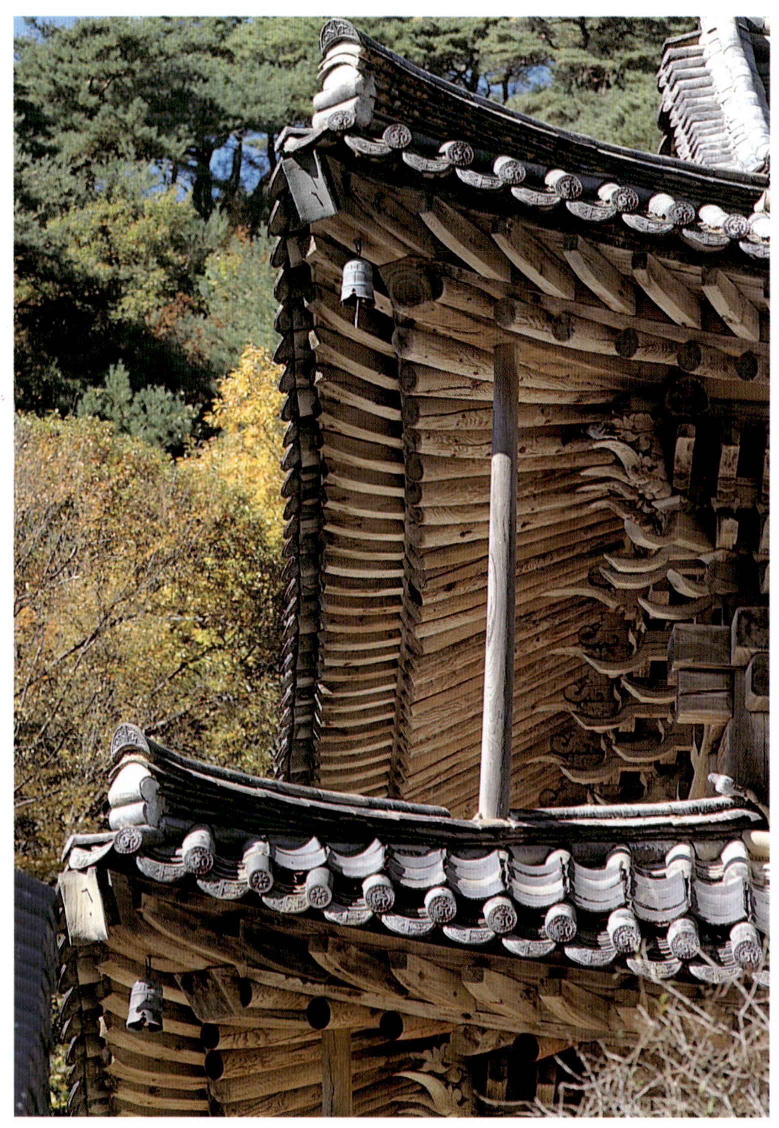

**각황전의 추녀와 활주**  각황전 팔작지붕의 네 모서리에는 길게 뻗어 나온 추녀의 무게를 견딜 수 있도록 활주가 세워져 있다.

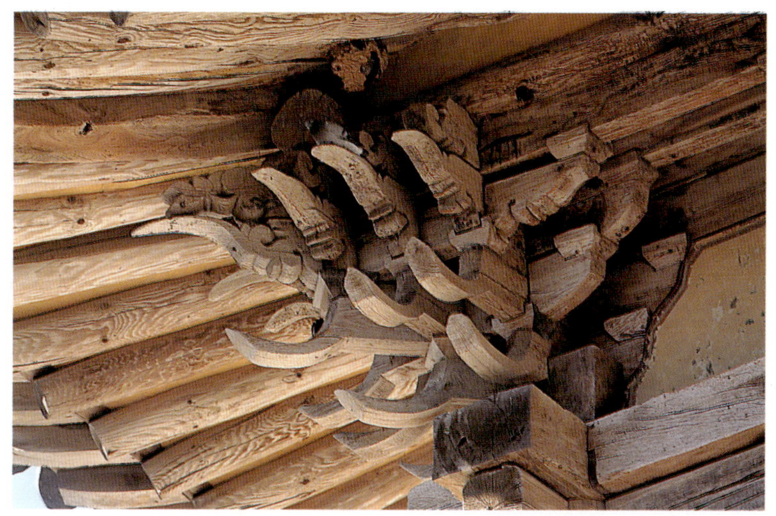

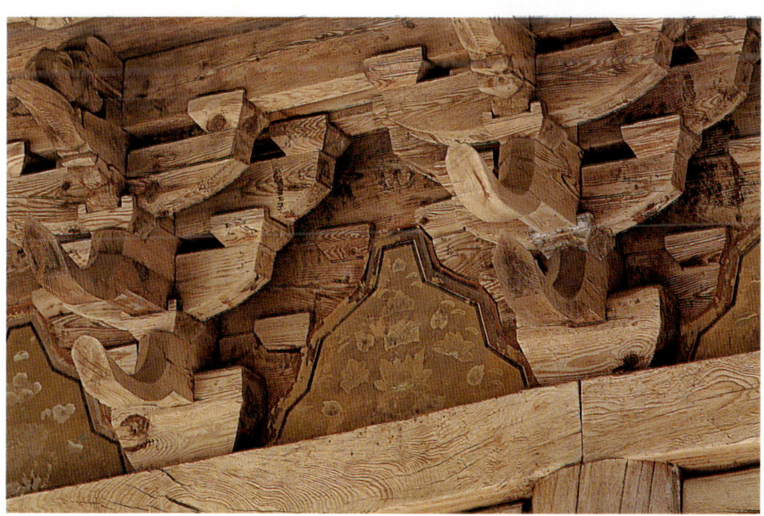

1·2층 모두 내외 2출목을 보이고 있는 각황전의 공포

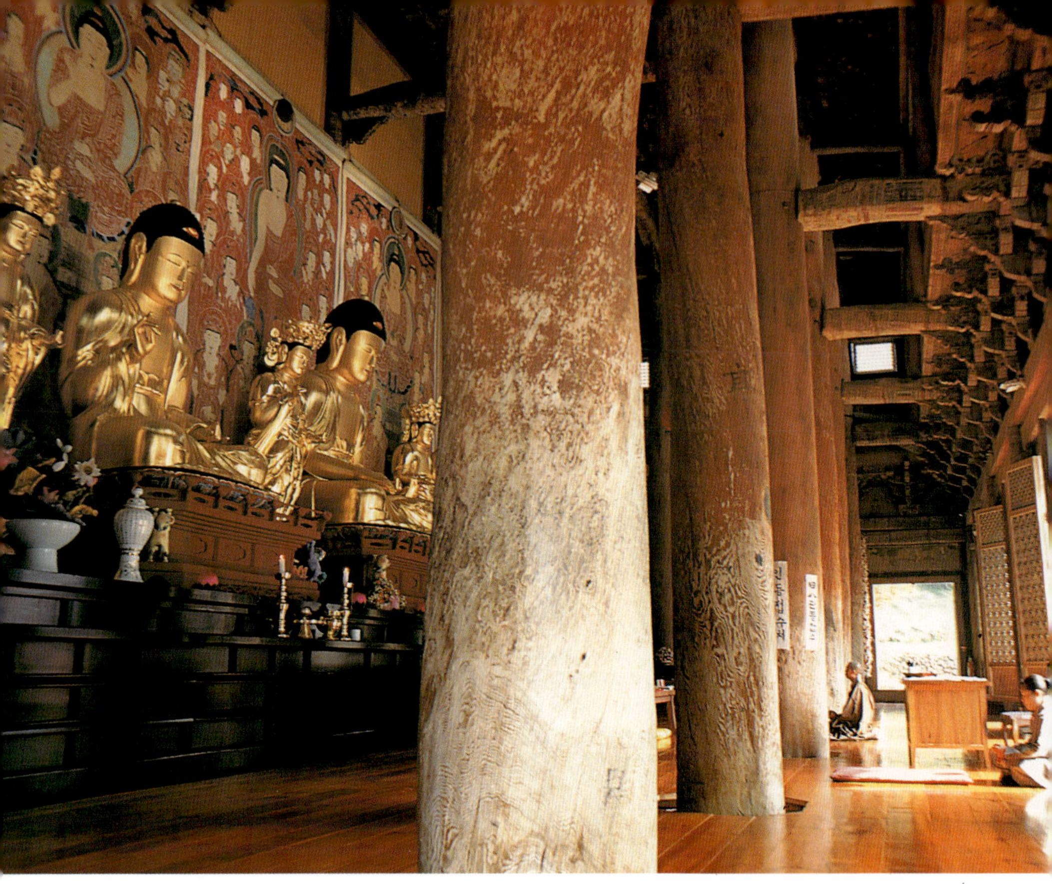

**각황전 내부** 전형적인 예불용 공간으로 3불 4보살이 모셔진 내부의 전면 바닥에는 가설 마루를 깔았고, 2층 외벽에 단 창문을 통해서 은은한 햇빛이 불상들의 얼굴을 비춘다.

히 붙여졌던 이름이다. 따라서, 화엄사 장륙전에도 원래는 3구의 입상이 봉안되었을 가능성이 높다. 바닥에는 전돌을 깔아 신발을 신고 내부로 들어설 수 있도록 하였으며, 석벽을 따라 돌면서 『화엄경』을 외우고 해석했던 고대의 강당 공간이 형성되었던 것 같다.

현재의 모습은 사뭇 다르다. 우선 내부에 대규모 불단을 만들고 후불벽을 쳐서 탱화를 그렸다. 봉안된 불상은 관세음보살, 아미타여래, 보현보살, 석가여래, 문수보살, 다보여래, 지적보살 등 3불 4보살로 최대 규모의 불상군이다. 불단의 전면 바닥에는 가설마루를 깔았고, 2층 외벽에 단 창문을 통해서 은은한 햇빛이 불상들의 얼굴을 비추어 준다. 조선시대의 전형적인 예불용 공간이다.

신라시대에 만들어진 가구식(家具式) 기단은 여전히 정교한 모습을 잃지 않는다. 기단 전면에 놓인 계단은 통돌로 만들어졌고, 계단 좌우의 삼각형 소맷돌 역시 전형적인 신라 때의 모습이다. 1층의 전면 벽에는 장중한 빗살창을 달았고, 내부의 천장은 우물천장이다. 2층의 지붕은 팔작지붕으로 대규모 건물에 어울리는 장중한 모습이다. 네 모서리의 추녀가 길게 뻗어 나와, 그 하중을 받기 위해 사방에 활주(굽은 기둥)를 받쳤다.

건물이 큰 관계로 측면의 중앙칸과 양 끝칸에 출입문을 냈으며, 뒷면에도 양끝을 제외한 5칸 전부에 문을 달았다. 보통 불전에서는 볼 수 없는 모습이다. 위아래층 모두 내외 2출복의 다포 형식으로 지붕들을 결구했다.

초창 때의 장륙전은 화엄석경을 위주로 한 독특한 강당 공간이었지만, 임진왜란 이후 중건된 각황전은 이미 완벽한 예불 공간으로 바뀌었다. 그럼에도 불구하고, 원래의 기단과 초석, 바닥면은 그대로 보존하고 그 위에 가설불단과 마루가 설치되어 있는 등 역사적 흔적을 간직하고 있다. 한국 불전에서는 보기 드문 거대한 내부 그리고 2층 천창에서 비춰지는 은은한 채광 등 내부 공간의 분위기 또한 일품이다.


## 대웅전(보물 제299호)

대웅전은 1630년 중건된 건물이다. 고려 초 화엄사의 가람 배치가 크게 변화하면서, 현 대웅전 위치에 주불전을 신축했을 것이다. 대웅전 앞 석축에는 4칸으로 구획된 고대의 계단이 놓여져 있는데, 가장 아래

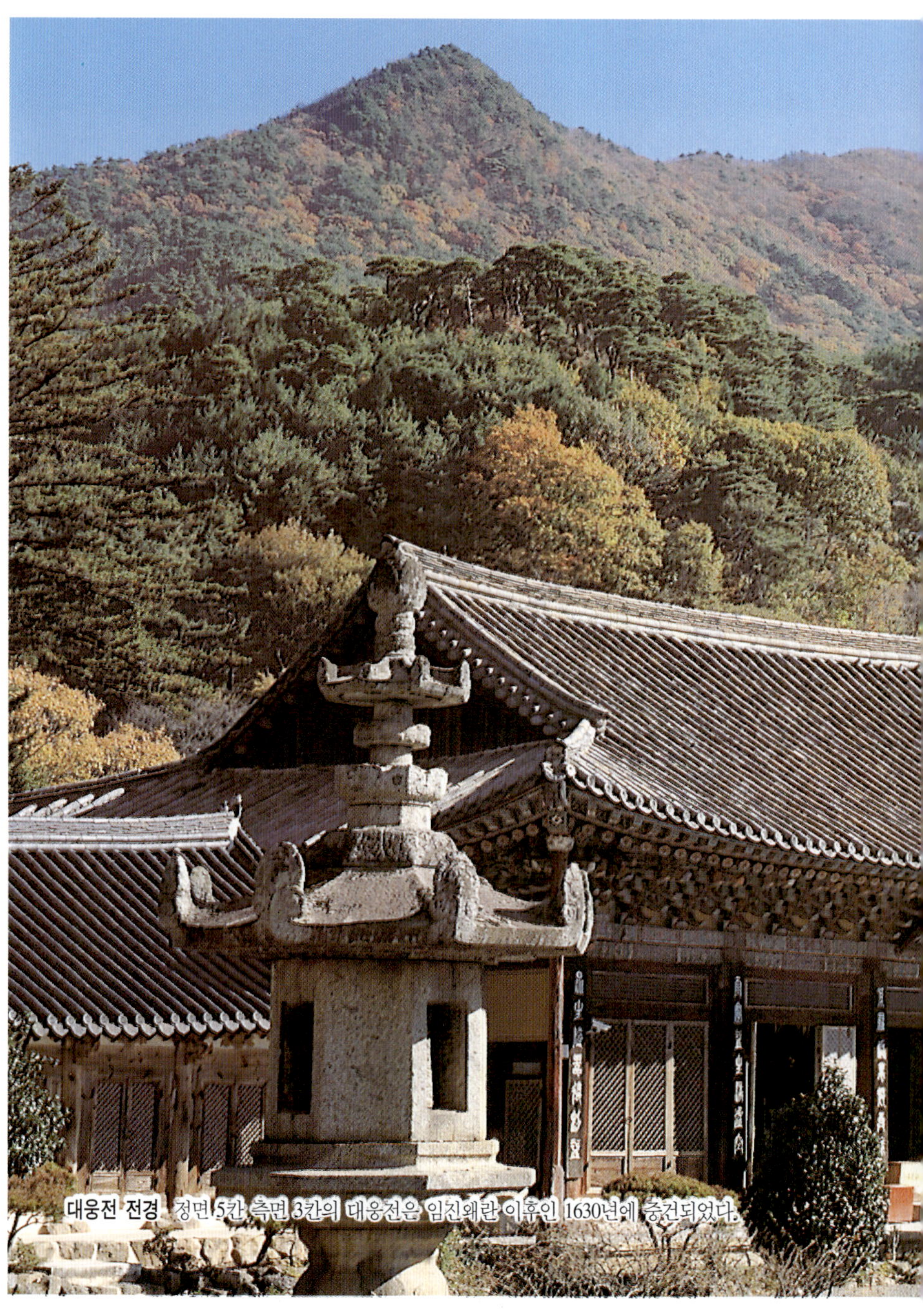

대웅전 전경  정면 5칸, 측면 3칸의 대웅전은 임진왜란 이후인 1630년에 중건되었다.

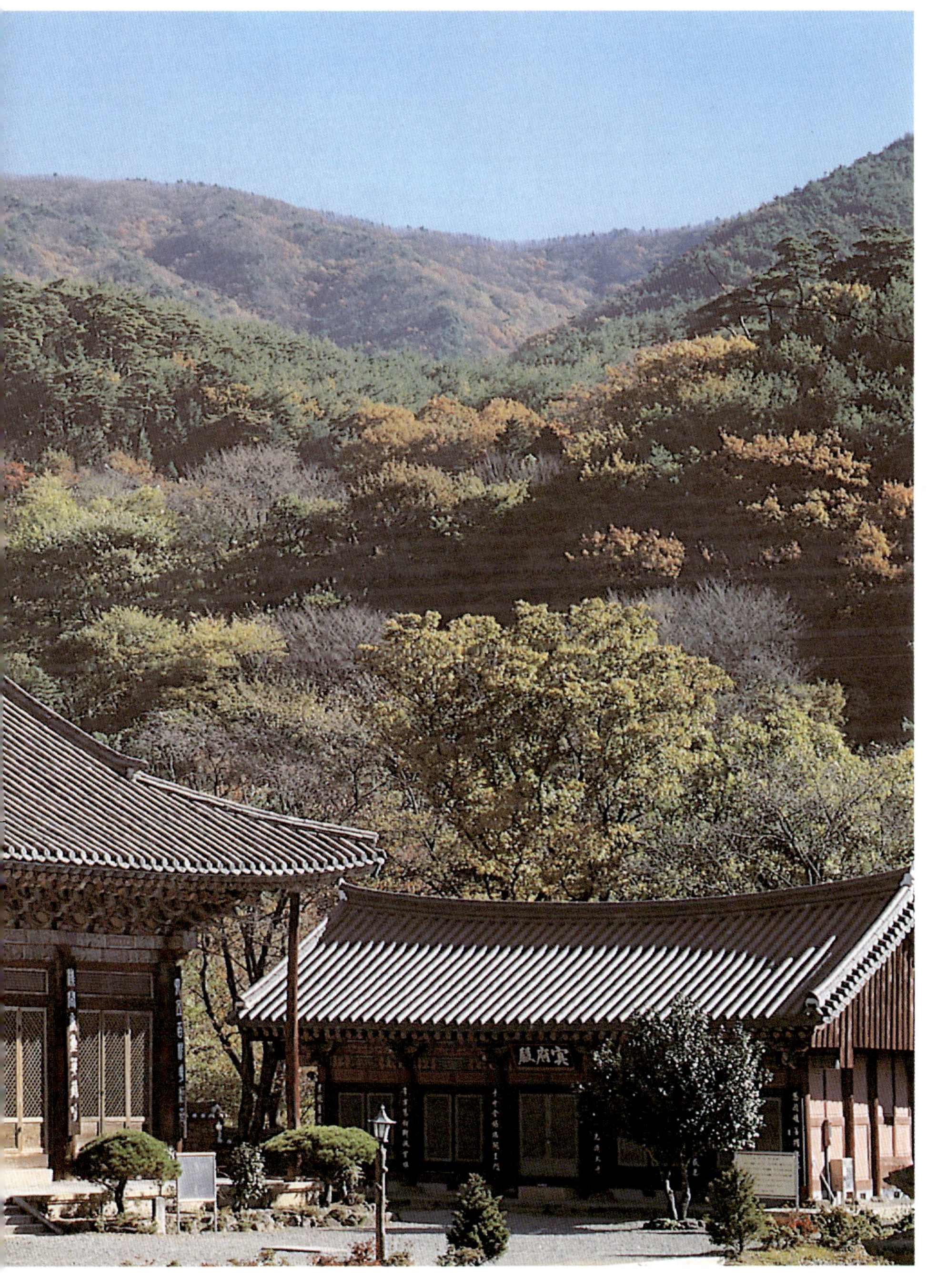

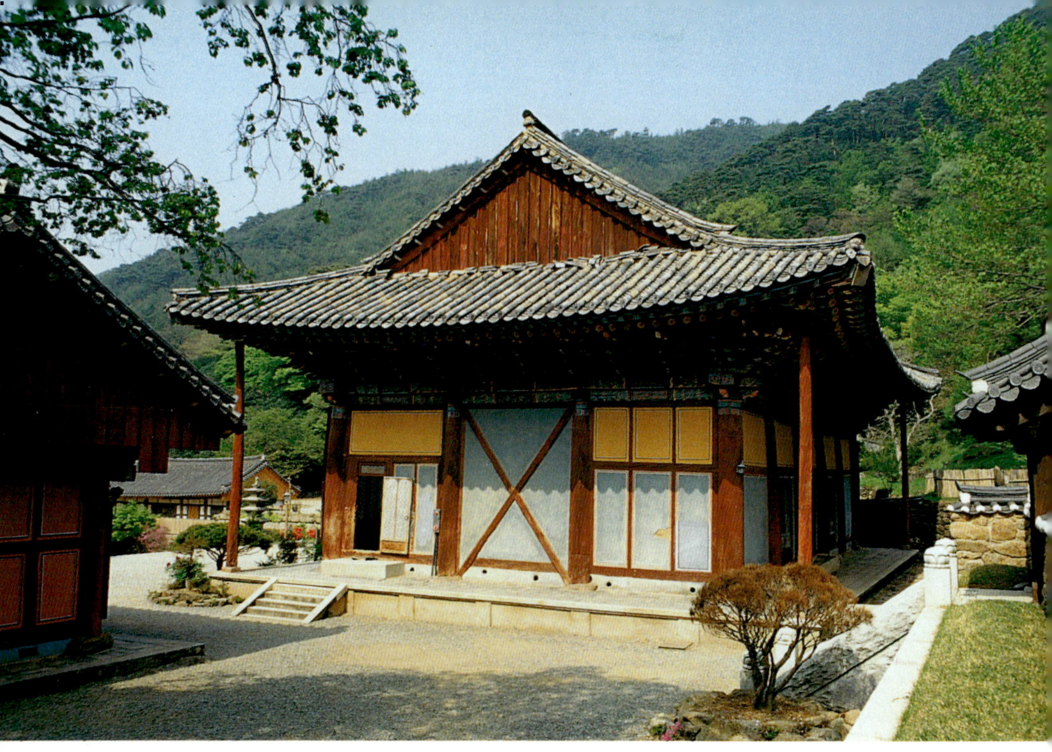

**대웅전 측면**  측벽 중앙칸에는 X자 모양으로 결구한 가새가 설치되어 독특한 외관을 이룬다.

4단은 후에 보완한 듯하다.

예의 가구식 기단 위에 막돌을 사용한 덤벙주초를 놓고 기둥을 세웠다. 기둥들은 아래가 두껍고 위가 얇은 민흘림기둥이지만, 그 정도는 강하지 않다. 네 모서리의 기둥들이 다른 기둥보다 약간 높게 솟은 것을 귀솟음이라 하는데, 이 건물의 귀솟음은 매우 약하게 나타난다. 정면 5칸, 측면 3칸의 규모지만, 규모에 비해 사용된 부재들은 부실하여 중건 당시의 빈약했던 경제 사정을 보여 준다. 내부에는 높은 고주(高柱)를 세웠는데, 빈약한 대들보를 보강하기 위한 수단으로 보인다. 고주 위에는 측면의 기둥과 연결하는 충량(衝樑)을 두 겹으로 걸어서 구조를 보강했는데, 아래 충량은 마치 쇠꼬리 모양으로 휘어져서 우미량(牛尾樑)이라고도 부른다.

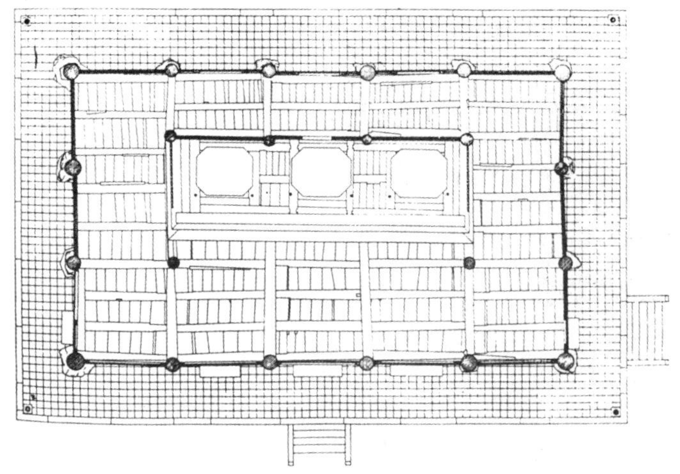

대웅전 평면도

　빈약한 부재들에 비해 내부 불단은 화려하게 장엄되어 있다. 비로자나불을 중심으로 좌우에 석가불과 노사나불을 봉안했는데, 대웅전이라는 명칭은 원래 석가모니불이 주불인 전각에 붙일 수 있는 명칭이므로, 이 경우에는 맞지 않는 이름이 된다. 아마도 화엄종의 전통을 되살리느라 조선 후기 각황전 중건 때에 삼신불을 모신 것이 아닌가 추정된다. 각 불상 위에는 독립된 닫집이 설치되었고, 천장의 가운데 부분을 한 단 높이는 층급 천장 기법을 사용하여 건물 내부의 높이를 높게 만들었다. 각황전의 절대 규모에 가려 작아 보이지만, 단층 불전으로는 대규모 공간인 셈이다.

　건물의 정면에는 세짝빗살창을 달았고, 건물의 벽이 높은 까닭에 상부에는 고정된 교창을 달았다. 건물 측벽 중앙칸은 X자 모양으로 결구

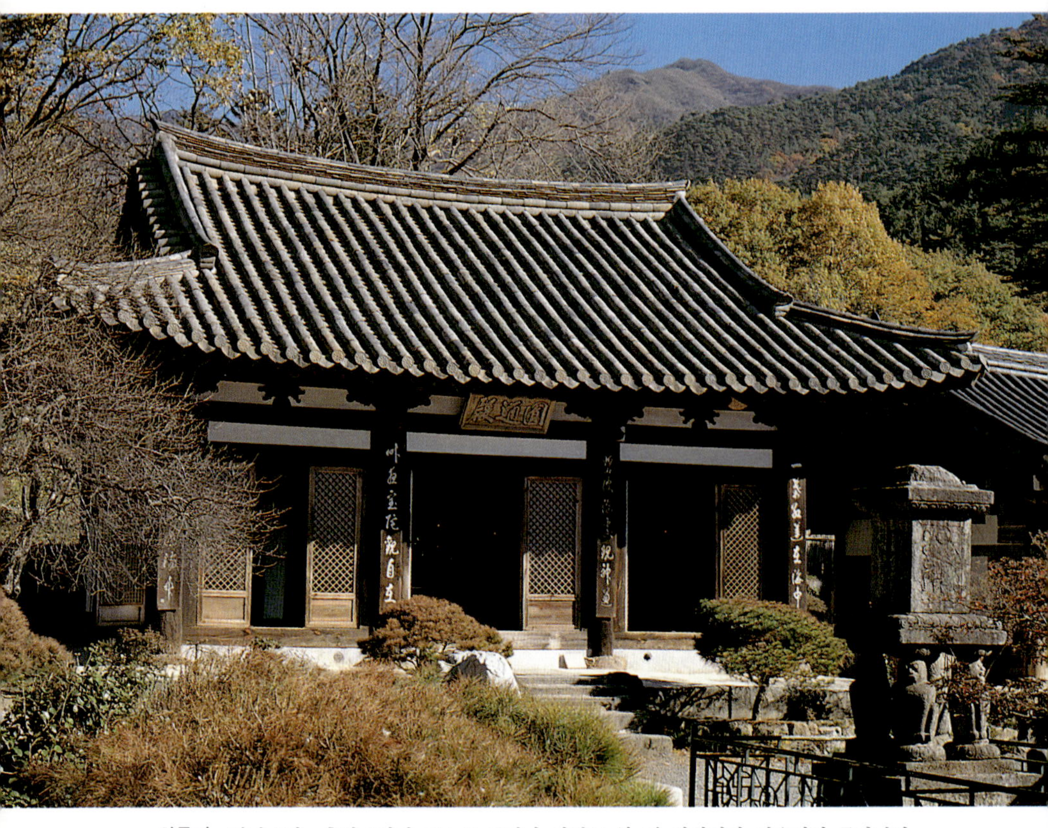

**원통전** 정면 3칸, 측면 3칸의 규모로 크기나 형태로 볼 때 각황전과 대웅전의 중간에서 두 중심 건물을 연결해 주는 매개체와도 같다.

한 가새가 설치되어 독특한 외관을 이룬다. 화엄사 원통전 정도에서나 발견할 수 있는 특이한 모습이다. 부연(附椽)을 단 겹처마 팔작지붕으로 사방에는 추녀의 무게를 견딜 수 있는 활주가 세워져 있다.

17, 8세기는 불교 건축의 일대 중흥기였다. 조선 전기 내내 지속된 억

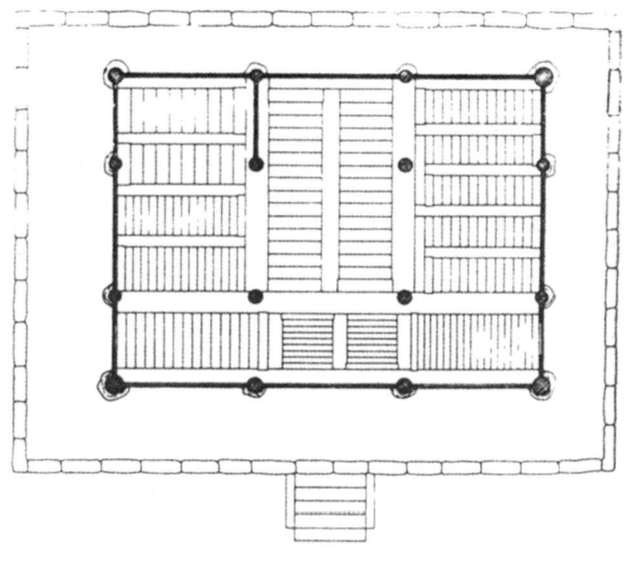

원통전 평면노

불 정책이 어느 정도 완화되었고, 전쟁의 참혹한 기억은 오히려 불교 중흥의 계기가 되었다. 그러나 아직 경제적 여건은 불리해서 견고하고 고급스러운 전각들을 짓기에는 역부족이었다. 반면 신앙심은 더욱 돈독해져서 불단을 화려하게 꾸미고 장식하는 경향은 매우 강했다. 화엄사 대웅전이 대표적인 사례이다.

## 원통전

1702년 각황전 중건 때 창건된 전각이다. 정면 3칸, 측면 3칸의 규모이며, 칸살도 넓지 않은 중형 불전이다. 외벌대의 장대석 기단과 일부 초석은 신라 때의 것으로 보여서, 꼭 지금과 같은 형태는 아닐지라도 이 자리에 무언가 건물이 세워졌음은 확실하다. 아마도 각황전(당시 장류전)과 연결된 회랑의 흔적이 아닌가 추정된다. 전면 계단 역시 신라식 통계단이며, 가운데 칸에는 고대적 형식의 문지방 돌도 남아 있다. 그러나 대부분의 초석은 막돌 덤벙주초를 사용하고 있어, 시대적인 상황을 반영하고 있다.

특이한 것은 내부의 기둥 구조이다. 이런 정도의 건물이면 내부의 기둥을 아예 생략하든가, 적어도 열한 쌍의 기둥을 생략하는 것이 당시 일반적 구조법이었다. 그러나 화엄사 원통전은 작은 건물임에도 불구하고 내부에 빠짐없이 기둥[內陣柱]들이 세워졌고, 불단은 독립적인 구조로 기둥들 사이에 설치되었다. 마치 집 속에 또 하나의 집이 들어 있는 것 같은 구성이다. 이런 불전을 흔히 중심형 불전이라 부르는데, 법주사·선암사·흥국사·통도사 원통전 등 관세음보살 신앙의 전각들이 이러한 유형에 속한다. 이들 전각들은 인근에 왕실용 원당 건물들과 연관을 맺었던 축원용 전각들이다.

화엄사 원통전이 원래 원당용 건물로 지어졌는지에 대해 뚜렷한 기록은 없다. 하지만 각황전 중건에 왕실의 강력한 후원이 있었고, 바로 인근에 원통전이 창건된 점 그리고 그 건축 형식의 유사성 등으로 이 건물이 원당 또는 축원용 불전이었을 개연성은 다분하다.

뒷벽에는 +자형과 X자형이 결합한 모습의 가새들이 설치됐는데, 구조적 이유를 넘어서 장식적인 요소로 전환된 듯하다. 이 집의 공포를 주심포(柱心包) 형식으로 볼 것인가, 익공 형식으로 볼 것인가는 논란의 여지가 있다. 출목을 가진 이익공(二翼工) 형식으로, 주심포와 익공의 중간적 형식을 취했고, 부연을 단 겹처마 팔작지붕이다. 이 건물의 크기나 형태로 보면, 마치 각황전과 대웅전의 중간에서 두 중심 건물을 연결해 주는 매개체와도 같다.

## 보제루(지방유형문화재 제49호)

　1636년 대웅전과 함께 건립된 것으로 추정하고 있으며, 1827년 대대적인 중수가 있었다. 승려와 신도들의 집회용 건물로 쓰였고, 정면 7칸, 측면 4칸, 바닥 면적이 49평에 달하는 비교적 큰 강당 건물이다. 1층에는 기둥만 세우고 2층에 우물마루('井' 자 모양으로 짠 마루)를 깐 전형적인 누각 형식을 취했지만, 1층 기둥의 높이가 2미터에도 채 미치지 않아 누 아래로의 출입은 불가능하다. 실제로 1층은 기단으로 막혀 있어서, 보제루의 양 옆면을 돌아서 출입하도록 되어 있다.

　1층의 기둥열은 측면 2칸으로 배열되었지만, 2층 외벽 측면에는 굵은 세 개의 기둥 사이에 가는 보조 기둥을 세워서 4칸으로 구성했다. 그러나 2층 내부에는 기둥을 모두 생략하고 긴 대들보를 걸어 넓은 내부 공간을 형성했다. 1층의 기둥들은 마루를 받치기 위한 초석과도 같은 역할이어서 참나무 등 밀도가 치밀하며 강도가 높은 목재를 사용했고, 아래가 굵고 위가 좁은 민흘림이 뚜렷하다.

　2층 외벽은 동서남 3면에 판장벽을 치고, 남쪽 정면에는 가운데 5칸에 판장문까지 달았다. 그러나 북쪽과 안마당 쪽으로는 벽을 치지 않고 개방하여(현재의 문들은 후에 보완된 것) 법회 때에 대웅전 쪽을 바라볼 수 있도록 계획했다. 다른 사찰 누각과 마찬가지로 바깥은 폐쇄적이고, 안쪽으로는 개방된 구성을 따랐다.

　2층 내부는 서까래가 노출된 연등천장으로 구성했는데, 현재 우물마루 바닥 위에는 다다미를 깔았다. 이익공 형식의 구조이며, 기둥 사이 창방(唱榜, 대청 위의 장여 밑에 다는 넓적한 도리)과 장여(도리 밑에서 도리를 받치고 있는 나무)에는 화반(花盤, 장여를 받치기 위해 끼우는 널 조각)이 설치되었다. 단청을 하지 않은 백골집이며, 맞배지붕의 중성적 외관에서 강당 건물로서의 기능성이 강하게 부각된다.

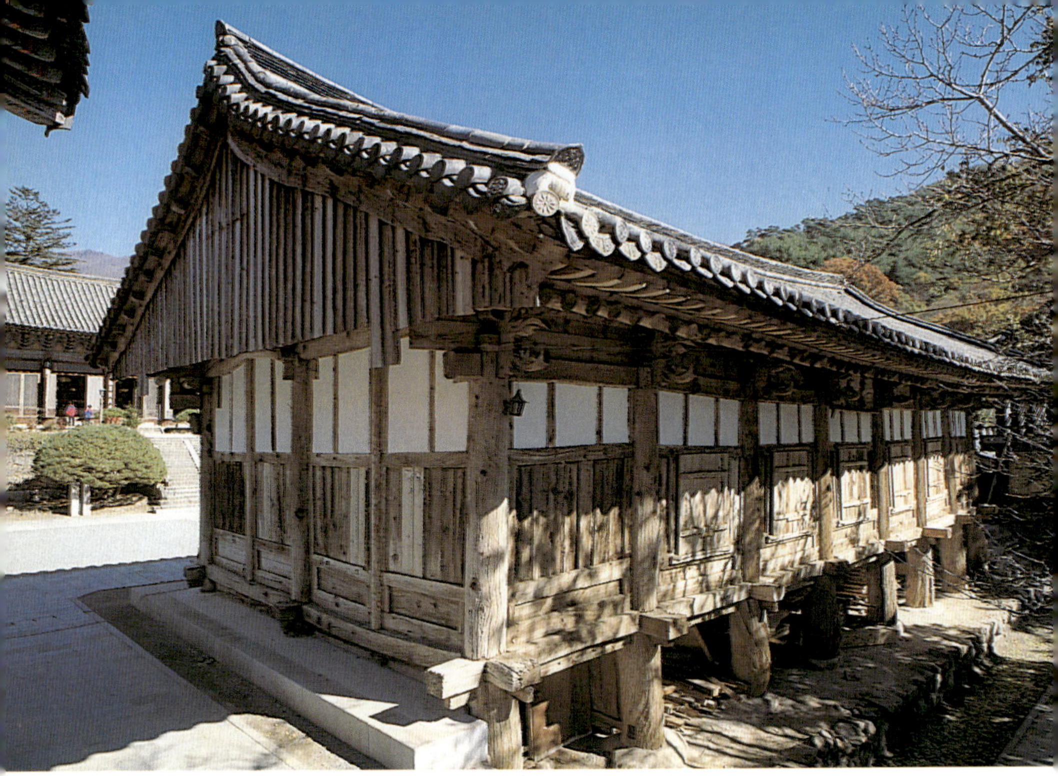

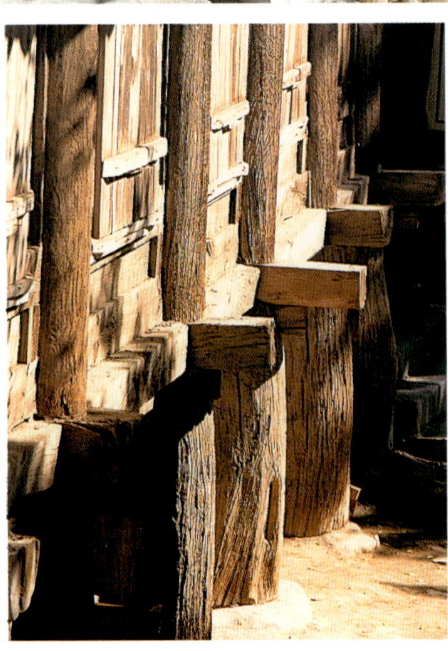

**보제루와 1층의 기둥들**  1층에는 기둥
만 세우고(왼쪽), 2층에는 우물마루를
깐 전형적인 누각 형식을 취했으나 누
아래로의 출입은 불가능하다.

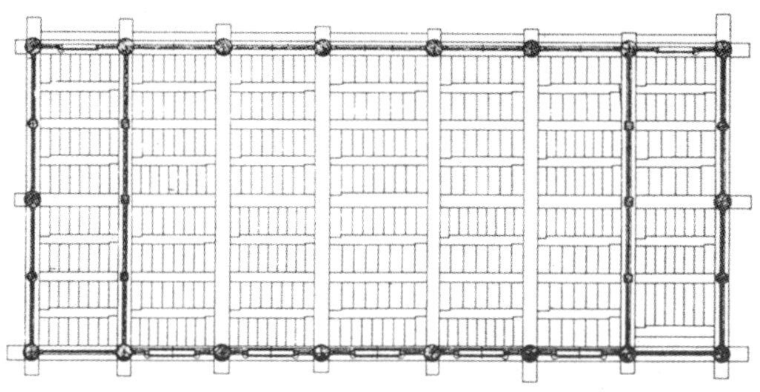

보제루 2층평면도

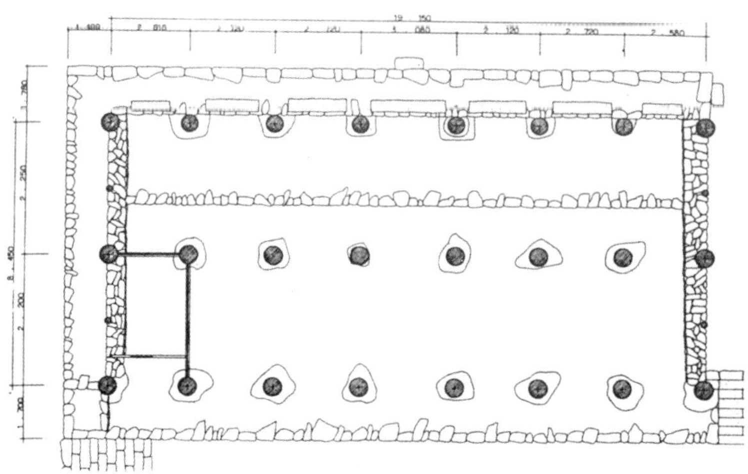

보제루 1층평면도

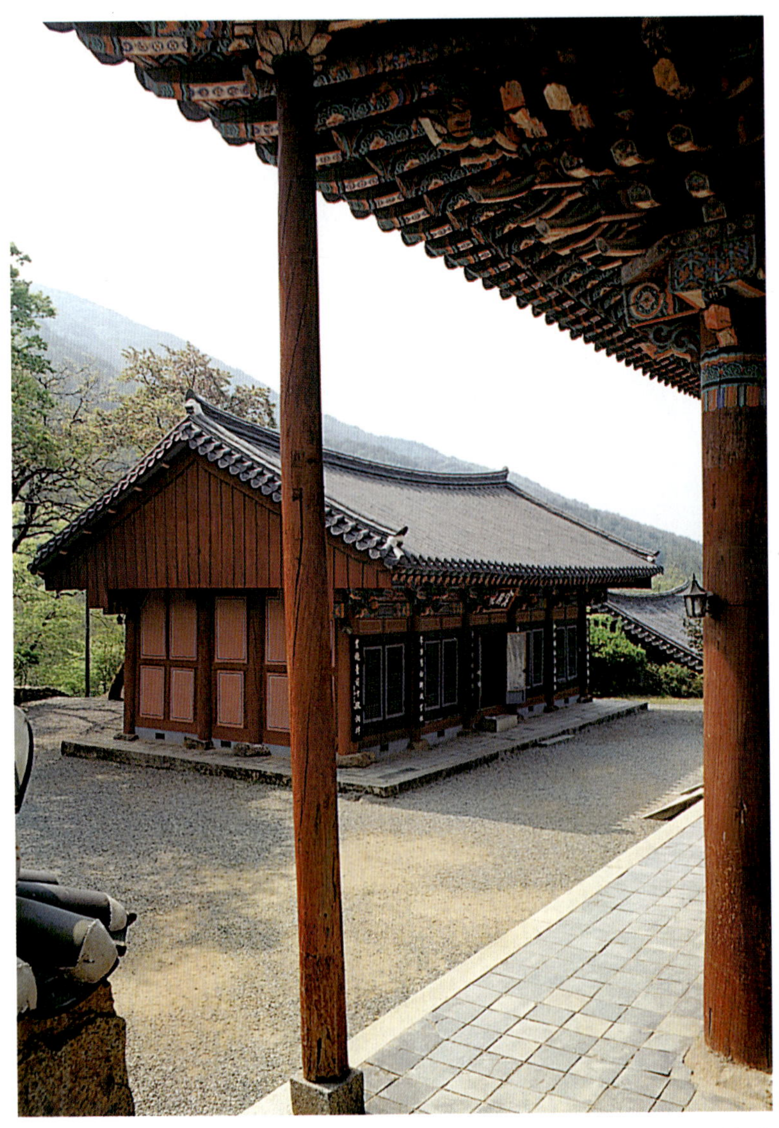

**대웅전에서 바라본 명부전**  주심포 형식의 공포와 풍판을 단 맞배지붕 집으로 단정한 인상을 준다.

## 명부전

1636년 대웅전 중건 때 함께 중건된 전각으로 전한다. 정면 5칸, 측면 3칸의 건물로 2고주 5량의 맞배지붕 집이다. 명부전이란 지옥에 갈 중생들을 구제하기 위한 전각인데, 화엄사의 경우는 임진왜란 때 희생된 승병들의 영혼을 위안하기 위해 세웠다는 설이 전한다.

외벌대 장대석 기단 위에 세워진 평활한 느낌의 외관을 가졌다. 내부에는 정면을 제외한 3면에 ㄷ자로 불단을 조성하고 지장보살과 10구의 명부시왕상 등을 모셨다. 정면 중앙칸에만 문을 달고 나머지 4칸은 모두 창으로 처리했는데, 이는 내부 공간 3면에 꽉 들어차 있는 조상들 때문으로, 내부의 공간 구성이 외부에 표현되었다. 다른 사찰에서도 흔히 나타나는 경향으로 명부전 건물의 형식적 특징이라 할 수 있다. 간략한 주심포 형식의 공포와 풍판(風板, 박공 아래에 긴이로 연이어 대는 널빤지)을 단 맞배지붕으로, 단정한 인상을 준다.

측벽에는 두 개의 고주를 비짝 붙여 세웠지만, 내부에는 일체 기둥이 없다. 두 고주 사이의 천장을 다른 부분보다 한 단 높게 처리하고 나머지 부분은 평탄한 평천장으로 처리했다. 결과적으로 수평성이 강조된 평탄한 천장의 가운데 부분만 좁고 긴 홈이 파인 것 같은 모습이 되었다.

## 나한전

1795년 창건된 건물로, 각황전과 원통전 사이에 끼워져 있어 두 건물을 연결하는 듯한 느낌을 준다. 신라시대의 것으로 보이는 옛 부재들을 섞어 조성한 막돌기단 위에 세워진 맞배지붕 집으로, 전형적인 조선 후기의 이익공 형식 구조를 취했다. 정면을 제외한 3면의 내부에는 ㄷ자로 불단을 조성했고, 작은 석가상과 제자 나한상들을 봉안했다. 명부전과 마찬가지로 3면에 불단과 조상들이 들어찬 관계로, 정면의 중앙칸

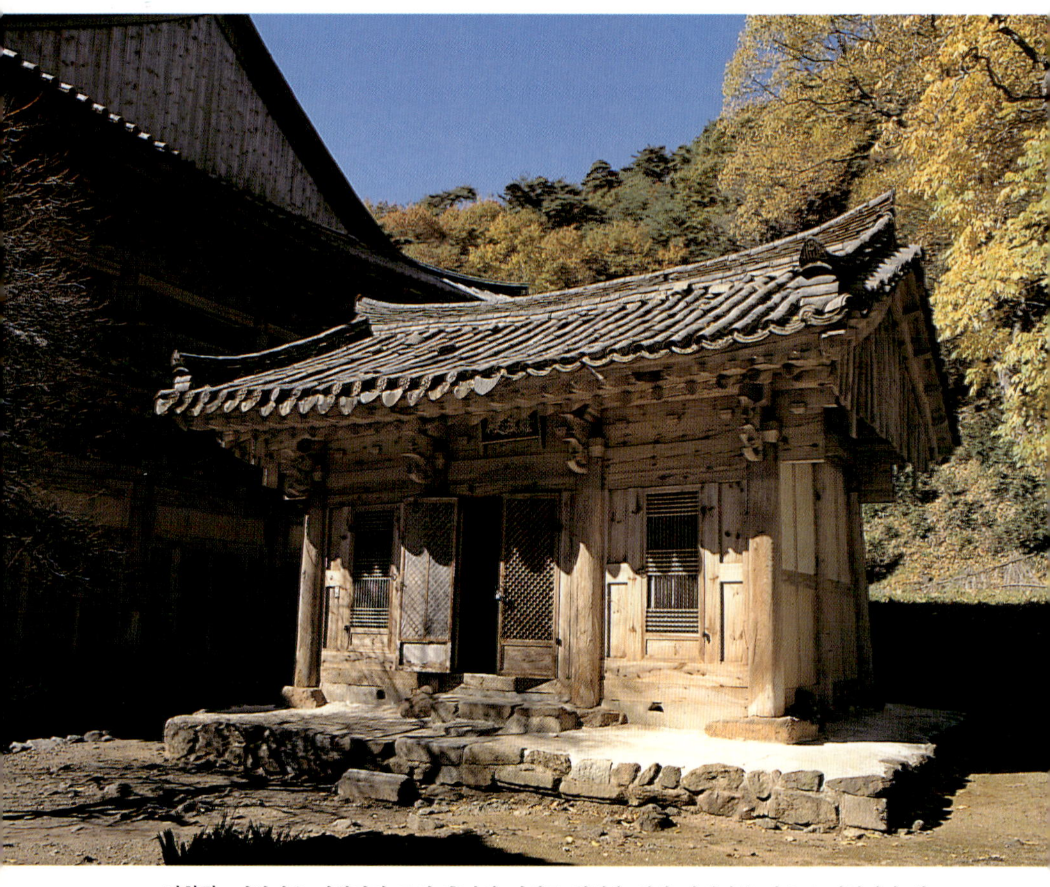

**나한전** 나한전은 전형적인 조선 후기의 이익공 형식을 취한 맞배지붕 집으로 각황전과 원통전 사이를 연결하는 듯한 느낌을 준다.

에만 두짝출입문을 달고, 양 옆칸에는 한 짝의 창을 달았다.

## 영전

1812년 창건한 건물로, 원통전과 대웅전 사이에 나란히 놓여졌다. 원래는 역대 조사들의 영정을 모신 전각이었으나, 현재 영정은 없고 승방

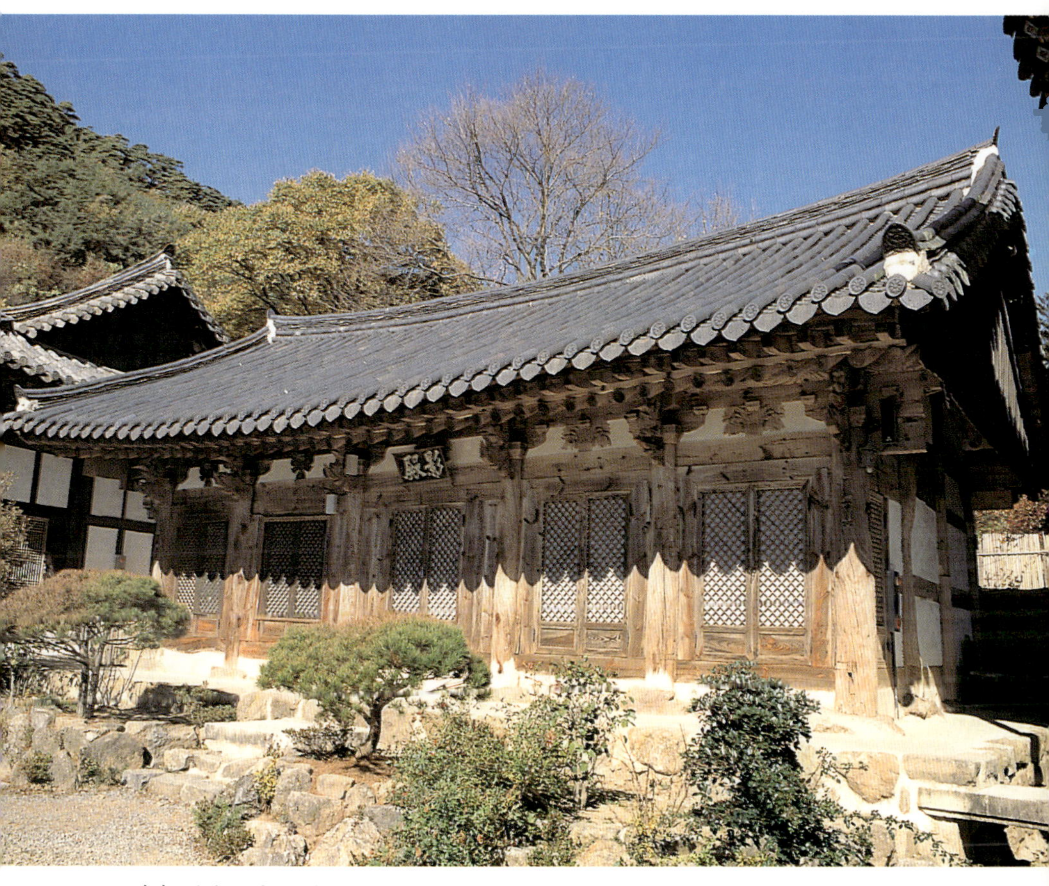

**영전** 영전은 원통전과 대웅전 사이에 있는 전각으로 정면 5칸, 측면 3칸의 규모를 가지고 있는 맞배지붕 집이다.

으로 개조해 사용하고 있다. 정면 5칸, 측면 3칸의 규모이며, 낮은 막 돌기단 위에 세워진 맞배지붕 집이다. 측면 가운데에 두 개의 고주를 세운 2고주 5량 구조이며, 공포는 이익공 형식을 취했다. 정면 5칸 모두에 빗살 창호를 달아 무표정한 외관을 취했다. 대웅전과 원통전을 연결하는 공간적 역할로 적합한 외관이다.

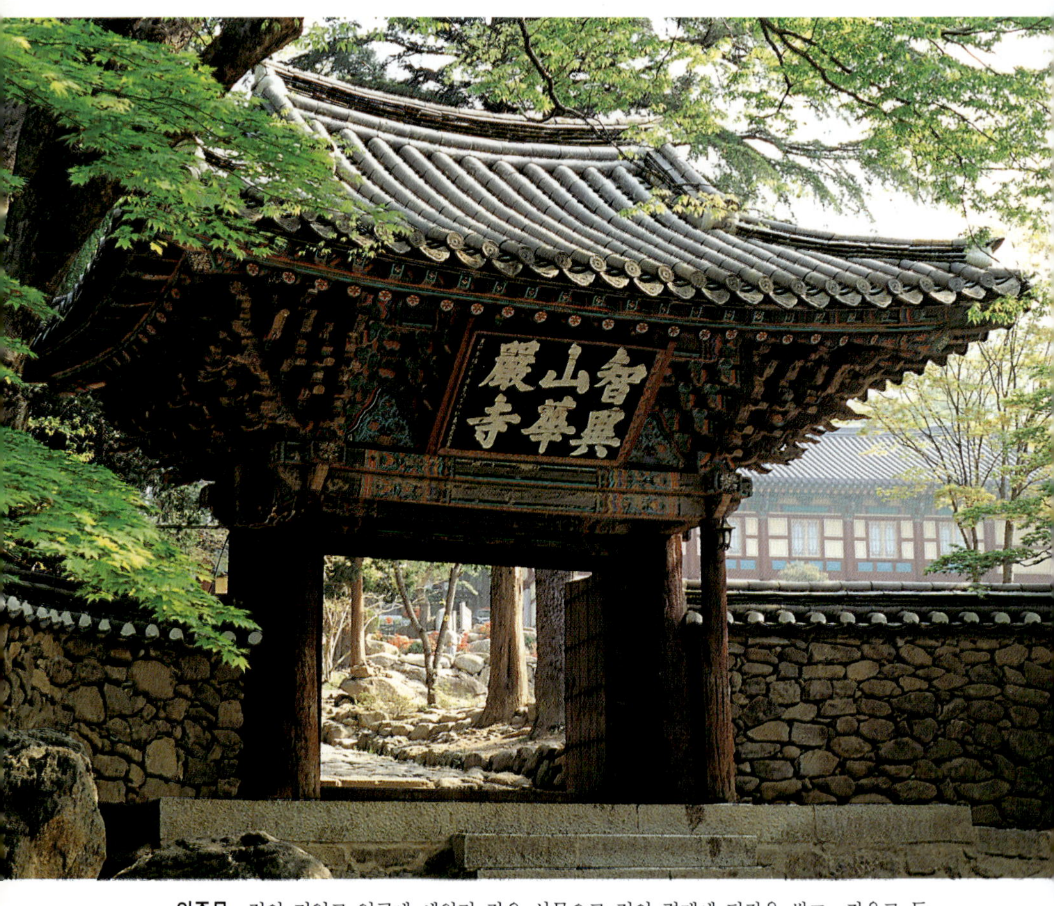

**일주문**  절의 진입로 입구에 세워진 작은 산문으로 절의 경계에 담장을 쌓고, 좌우로 두 개의 기둥을 세운 다음, 대문과 같은 모양으로 널판문을 달았다.

## 영산전

1874년 구례 현감인 방효함이 건립한 건물이다. 조선 말기에 이르면, 억불(抑佛)하던 권력층의 일부 양반들이 불교를 후원하기 시작하는 현상이 나타난다. 이 건물은 지방 수령이 적극적으로 불사를 벌였던 좋은 예가 된다. 원래 영산전은 석가모니가 영취산에서 제자들을 거느리고 법화경을 설법하는 모습, 이른바 영산회상(靈山會相)을 재현한 예불용 전각이다. 그러나 화엄사 영산전은 현재 선방으로 사용하고 있으며 내부 칸막이 벽들이 변형되었고, 정면에 툇마루가 추가되는 등 변화가 심하다. 정면 5칸, 측면 3칸의 맞배지붕 집이다.

## 일주문

절의 진입로 입구에 세워진 작은 산문으로 일명 해탈문이라 부르기도 한다. 절의 경계에 담장을 쌓고, 마치 대문과 같은 모양으로 일주문을 실지했다. 1636년 벽암선사가 중선한 것으로 전하며, 좌우로 두 개의 기둥을 세운 일주문 형식을 취했다. 두 기둥 사이의 칸이 넓고, 높이는 낮아 매우 안정된 모습이다. 좌우 기둥 앞뒤에는 가는 보조 기둥들을 세워 상부의 육중한 팔작지붕 틀을 받치고 있다. 지붕틀은 3출목이나 뻗어져 나온 화려한 다포식 공포로 구성되었다. 살미(山彌)가 발달되었고 첨차(檐遮) 끝에 연꽃 봉오리가 조각되는 등 매우 장식적인 건물이다.

내부에는 평천장을 쳤고, 좌우 기둥 사이에는 널판문을 달았다. 단순한 가람의 표시로서 문짝을 달지 않는 통상적인 일주문과 대조적이다. 따라서 일주문이라기보다는 해탈문이라는 산문의 역할이 더 강한 것으로 보인다. 이 문에서 다음 산문인 금강문에 이르는 길에는 중창주 벽암선사의 공적을 기린 '벽암국일도대선사비'가 세워져 있다.

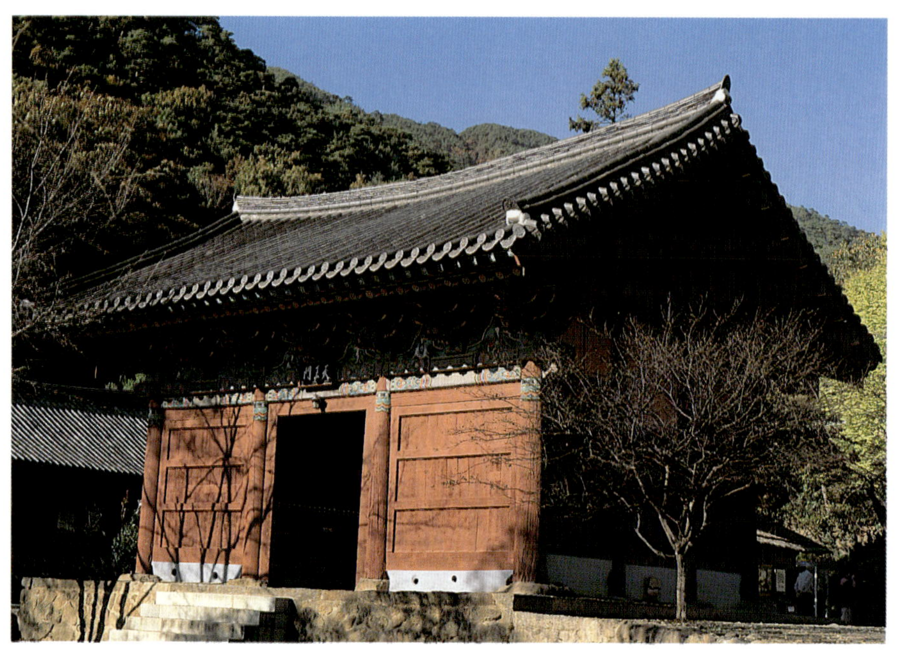

천왕문  정면 3칸, 측면 3칸의 맞배지붕 집으로 측면이 두꺼워서 외관이 당당해 보이며, 기둥이 높아 훤칠해 보인다.


## 금강문

정면 3칸, 측면 2칸의 맞배지붕 집으로 양 협간(夾間)이 좁고 높으며, 이곳에 한 쌍의 금강역사상을 봉안했고, 가운데 칸은 출입할 수 있도록 트여져 있다. 휘어진 대들보를 사용하고, 덤벙주초에 몰익공(沒翼工, 장식적 조각이 없는 익공)의 민도릿집 구조여서 서민적인 냄새가 짙은 산문 건축이다.


## 천왕문

1636년 중건한 정면 3칸, 측면 3칸의 맞배지붕 집이다. 보통 산문보다 측면이 두꺼워서 외관이 당당해 보이며, 기둥이 높아 훤칠한 모습이다. 양 협간에는 한 쌍씩의 사천왕상을 봉안했고, 중앙칸은 통로로 틔웠다. 앞뒤에만 내외 2출목의 공포를 배열한 다포 형식을 취했다. 내부에는 기둥을 세우지 않고 통대들보로 앞뒤를 걸었기 때문에, 측면의 고주에서 약화된 충량은 대들보에 걸어 기둥을 지지하고 있다.

## 구층암

화엄사 본 절에서 200미터쯤 북쪽으로 산길을 오르면 나타난다. 화엄사에는 금정암, 지장암, 미타암, 보적암, 청계암, 연기암, 봉천암, 구층암 등 여덟 개의 암자가 있지만, 그 가운데 구층암이 비교적 옛 모습을 간직하고 있다. 천불보전(千佛寶殿)과 수세전 그리고 두 채의 요사채로 이루어졌다. 여기에는 원래 9층탑이 있어서 구층암이라는 명칭이 붙었다고 전하지만, 현재는 무너진 3층석탑만이 그것도 삐딱한 방향으로 세워졌을 뿐이다.

천불보전은 정면 3칸, 측면 3칸의 불전인데, 가운데 칸이 양 협간보다 2배 정도 넓다. 내부에는 계단형 불단을 조성하고 1,000구의 작은 불상들을 봉안하고 있어 장관을 이룬다. 외3출목, 내4출목의 화려한 다포 구조이고, 기둥 위 주심포 밑에는 거북의 등에 탄 토끼상이 조각되었고, 어간(御間) 기둥머리에는 용머리를 조각했다. 살미가 화려하고 연꽃 봉오리 조각이 있는 등 전체적으로 조선 후기의 장식적 양상을 보여주는 전각이다. 천불보전 앞마당에는 빈약하기는 하지만 신라 때 조성된 것으로 보이는 석등이 서 있다.

전면에 놓여진 대방채는 정면 7칸, 측면 4칸의 요사채다. 주심포 형식의 구조를 취했고, 창방 상부 곳곳에 사자상과 코끼리상이 조각되어 있는 등 장식적 수법이 강조되었다. 일부는 정평주초를 할 정도로 승방 건축으로서는 높은 품격을 가진 건물이다. 가장 주목되는 것은 안마당

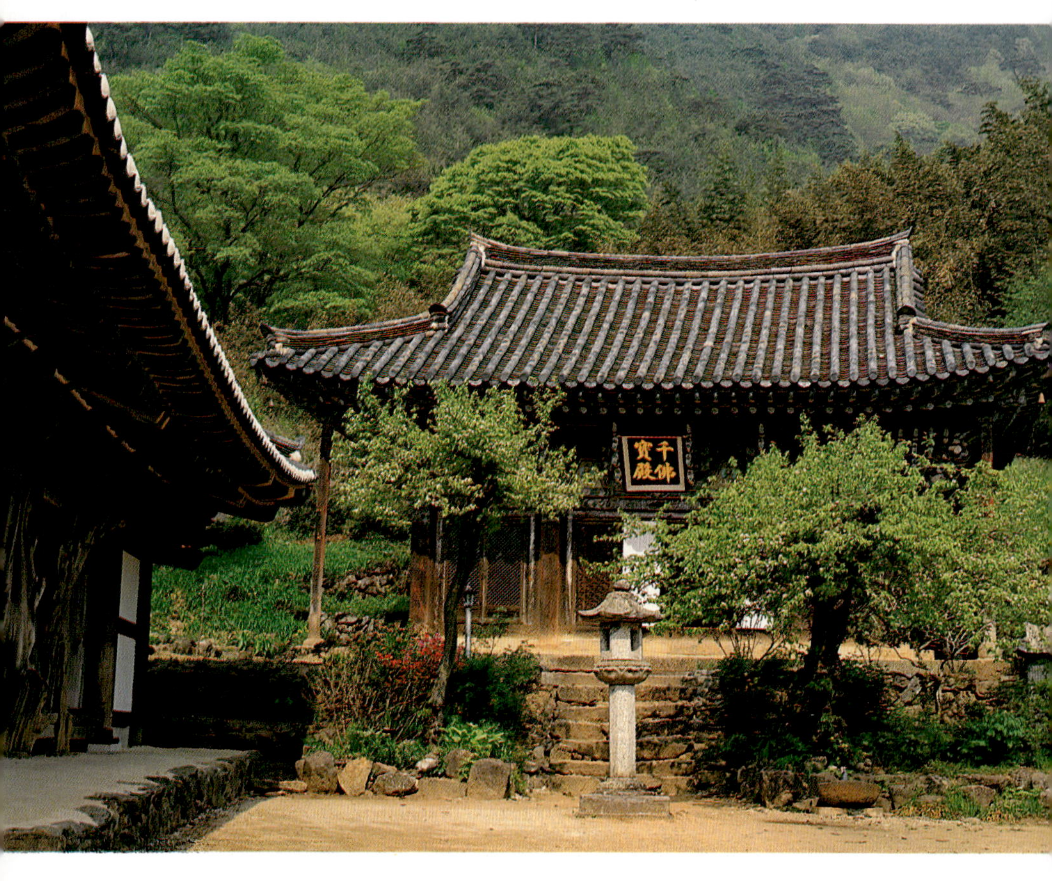

**천불보전**  정면 3칸, 측면 3칸의 불전으로 가운데 칸이 양 협간보다 2배 정도 넓다.

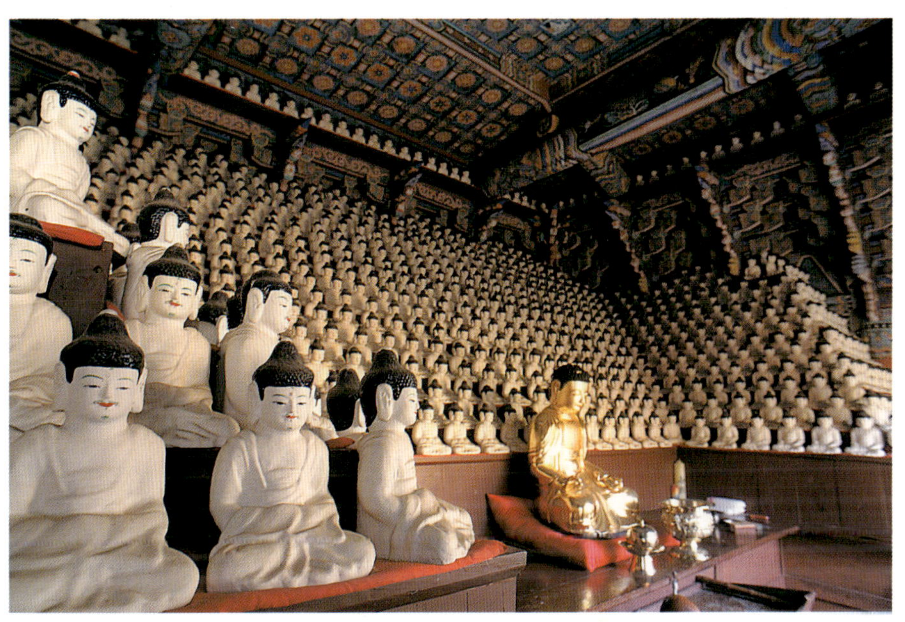

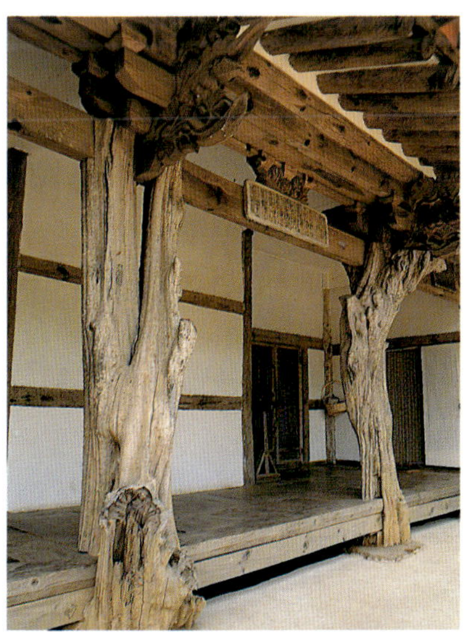

**천불보전 내부와 대방채의 생나무 기둥**  계단형 불단에는 1,000구의 작은 불상들이 봉안되어 있으며(위), 모과나무를 생긴 그대로 잘라서 사용한 것으로 Y자형으로 갈라진 나무 형태가 그대로 남아 있다. 한국 건축의 자유분방한 성격을 여실히 보여 준다(옆).

쪽 뒷간에 사용된 두 개의 생나무 기둥이다. 모과나무를 생긴 그대로 잘라서 사용한 것으로 Y자형으로 갈라진 나무 형태가 그대로 남아 있다. 건너편 승방에도 일부 생나무 기둥을 사용하고 있으며, 한국 건축의 자유분방한 성격을 여실히 보여 준다.

# 화엄사의 유물

화엄사는 통일신라 중엽 연기조사가 이곳에 머무른 이후부터 본격적인 불사가 계속되었으며, 이 시기에 전국적인 명찰로 부상된 듯하다. 이를 증명하기라도 하듯 화엄사의 중요 석조 문화재들은 연기조사가 머부른 뒤부터 고려 조기 사이에 제작된 것늘이 수튜를 이루고 있다. 그리고 당시에 조성된 석탑과 석등 그리고 석경 등의 석조 유물들 대부분은 오늘날에도 중요문화재로 평가되어 보호를 받고 있으며 화엄사의 영광스런 역사를 길이 보존해 오고 있다.

그러나 고려시대와 조선시대 전반기에 해당하는 유물은 거의 남아 있지 않다. 이는 임진왜란을 겪으면서 그동안 사찰에서 간직해 오던 소장 문화재들이 거의 사라졌기 때문이다. 그뒤 대웅전과 각황전이 새로 지어지고 여기에 봉안할 불상과 탱화 그리고 기타 사찰 경영을 위한 유물 등이 제작되어 오늘에 이르고 있는데, 특히 탱화와 불상 조각 등이 이 시기의 주류를 이루는 명품들이다. 그리고 조선 후기에 들어 소규모 탱화들이 제작되었으며, 17세기 중창 불사 이후 화엄사를 거쳐간 명승들의 사리탑과 탑비들이 조영되어 조선 후기에서 말기로 이어진 시기에 당시의 석조 미술이 화엄사의 비탑 조영에 어떻게 반영되었는지를 알 수 있다.


## 석조 유물

### 4사자3층석탑(국보 제35호) – 높이 6.7미터

화엄사에서 가장 큰 목조 건물인 각황전의 뒤편에는 동백나무 숲 사이로 오르막 층단길이 나 있다. 이 층단길을 올라서면 시야가 탁 트인 언덕이 나타나는데 이곳은 예전부터 '효대'라 불려 왔다. 통일신라 중엽 연기조사가 화엄사를 창건하고 어머니를 위해 효성 어린 탑을 세웠다 하여 '효대'란 이름으로 불리게 되었다 한다. 당시에 연기조사가 세웠다고 하는 석탑이 바로 4사자3층석탑이며, 이 석탑은 지금도 그 자리에 서 있다. 이 석탑은 우리나라의 사자탑 가운데서도 가장 우수한 작품이면서, 또한 가장 먼저 만들어진 사자탑이기도 하다. 뿐만 아니라 화엄사 창건 이래 가장 오래 연륜을 지켜온 으뜸가는 보배로서 오늘날까지 보전되고 있다.

이 탑을 바라보고 있노라면 탑 속에서 기둥처럼 버티고 앉아 있는 네 사자의 모습이 매우 인상깊게 느껴진다. 그리고 탑 앞에는 머리에 석등을 이고 있는 석조 공양보살좌상이 한쪽 무릎을 괴고 탑을 향하여 공양의 자세를 취하고 있는데, 이러한 탑과 보살의 배치는 우리나라에서 흔하지 않은 배치 방식으로 더욱 엄숙한 분위기를 자아낸다.

이 탑의 구성은 기단부와 탑신부로 크게 나누어지는데, 탑신부의 꼭대기에는 간단한 상륜 부재가 장식되어 있다. 그리고 2층 기단으로 된 기단부는 다시 아랫기단과 윗기단으로 나누어지며 서로 모양새가 다른 특징을 보여 준다. 우선 아랫기단을 보면 지면 위에 바닥돌을 깔고 댓돌, 벽면, 덮개돌을 차례로 짜맞추었다. 벽면의 네 모서리에는 기둥을

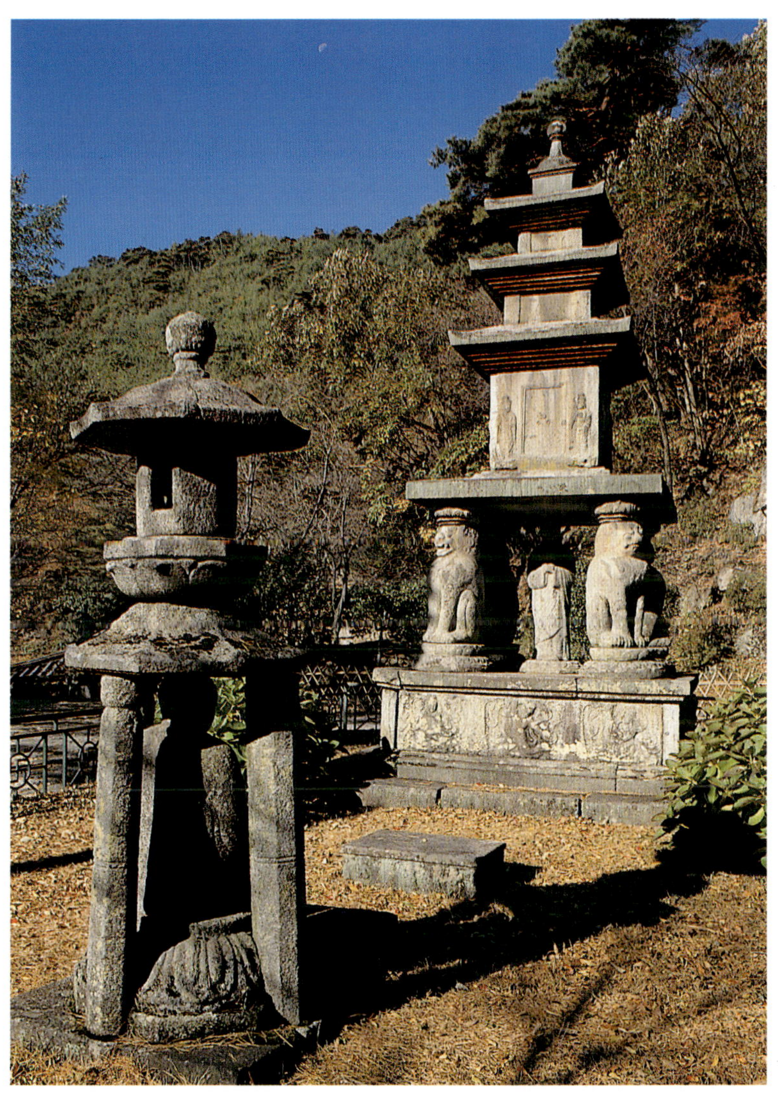

**4사자3층석탑** 우리나라의 사자탑 가운데에서 가장 우수하면서도 가장 먼저 만들어졌다. 사자탑 앞에는 머리에 석등을 이고 있는 석조 공양보살좌상이 탑을 향하여 공양의 자세를 취하고 있다.

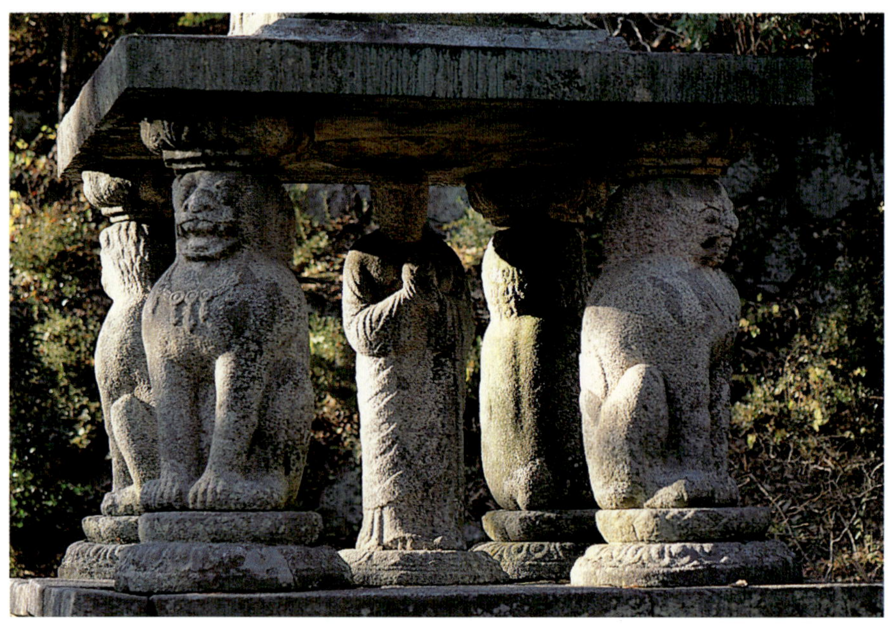

**4사자3층석탑의 사자상**  윗기단의 각 모서리에는 연꽃을 머리 위에 인 채로 윗단의 덮개돌을 떠받치고 있는 사자상을 배치하였다.  한가운데에는 공양상이 두 손을 모아 합장하고 서 있어 네 사자의 호위를 받고 있는 듯하다.

새기고 벽면마다 세 개의 무늬곽을 배열하였으며,  각각의 무늬곽 안에는 피리를 불거나 춤을 추기도 하는 등 여러 가지 모습을 하고 있는 공양상을 새겨 넣었다.  윗기단의 각 모서리에는 연꽃 대좌 위에 앉아 있는 사자를 배치하였으며,  이 사자들은 연꽃을 머리 위에 인 채로 윗기단의 덮개돌을 떠받치고 있다.  그리고 윗기단의 한가운데에는 두 손을 모아 합장하고 서 있는 공양상이 있어 마치 네 사자의 호위를 받고 있는 듯하며,  공양상의 머리 위에는 약간의 공간을 두고 천정에 큼직한 연꽃무늬로 후광을 새겨 놓았다.

이렇듯 기단부의 경우 아랫기단은 4면이 벽으로 막혀 있는 반면, 윗기단은 트인 공간으로 처리하였다. 또한 아랫기단에서는 부처님께 찬양 의례를, 윗기단에서는 부처님께 공양 의례를 드리는 듯한 엄숙한 느낌을 받는다. 이러한 분위기는 어느 탑에서도 볼 수 없는 매우 장엄한 조형 의식을 표현한 것으로 여기에 조각 솜씨 또한 수준급의 기량을 발휘하고 있어 이 탑을 바라보는 사람들의 마음을 압도한다.

탑신부는 3층으로 각층마다 몸체와 지붕을 각각 하나씩의 돌로 짜맞추었고 처마의 층단받침은 모두 5단씩으로 되어 있다. 그리고 가장 중심체가 되는 1층 탑신의 몸체에는 사방에 문틀과 자물통, 문고리 등을 새기고 문틀 양옆에는 문을 지키는 존상들을 새겼는데, 정면에는 인왕상, 양 옆면에는 사천왕상, 뒷면에는 보살상을 조각하였다.

이와 같이 탑신부 4면에 출입문과 수호신상을 새겨 넣은 것은 이곳의 내부가 부처님의 사리를 봉안한 신성한 곳임을 상징적으로 표현한 것이라고 할 수 있다. 탑신부의 2층부터는 높이를 현저하게 줄이면서 균형 있는 비례를 이루었고 지붕의 처마 끝은 위아랫난이 수병을 이루다가 네 귀에서 윗단이 살짝 들려 경쾌한 느낌이 든다. 이러한 특징은 통일신라 전성기의 석탑에서 공통적으로 나타나는 특징이다. 상륜부는 네모진 상자돌과 같은 노반(露盤)을 지붕 꼭대기에 놓고 그 위는 바리때를 엎어 놓은 듯한 복발(覆鉢)을 얹었으며, 그 위로는 꼭지에 구슬을 장식한 보주기둥으로 마감하였는데, 이것은 화엄사의 석탑에서만 볼 수 있는 매우 특이한 상륜 형식이나 원래의 모습이 이러했는지는 알 수 없다. 그리고 탑 앞에는 배례석이 놓여 있고 그 앞쪽에는 석등을 이고 탑을 향하여 앉아 있는 공양보살상을 배치하였다. 이러한 배치 방식은 고려시대에도 계승되어 월정사 8각9층석탑과 신복사지 3층석탑에서도 동일한 예를 찾아볼 수 있다.

이 석탑은 통일신라시대에 이르러 석탑을 만드는 솜씨가 정상급에 오른 다음 새로운 변형을 시도한 특수형 석탑으로 불국사의 다보탑과 함께 8세기 중엽에 세워진 최상급의 통일신라 이형(異形) 석탑에 속한다. 그뒤 화엄사의 사자석탑을 모방한 석탑들이 더러 세워졌으나, 탑의 규모나 아름다움은 화엄사의 사자탑에 견줄 바가 못 된다. 예를 들면 고려시대에 세워진 사자빈신사지석탑(1022년)과 홍천 괘석리 3층석탑(고려 중엽) 그리고 조선 말기에 세워진 선암사 화산대사사리탑 등이 화엄사 사자탑을 이어받은 후대의 석탑인데, 이 탑들의 조형미는 모방의 테두리 안에 머물면서 시대가 떨어질수록 질박해지는 느낌을 던져 준다.

### 동5층석탑(보물 제132호) – 높이 6미터

대웅전이 보이는 화엄사의 안뜰로 들어서면 마당 양쪽으로 5층석탑 2기가 마주 서 있다. 통일신라시대 석탑 가운데 5층석탑은 매우 드문데, 이와 같이 쌍탑을 이루는 경우 또한 드물다. 두 탑 가운데 동쪽에 위치한 동5층석탑은 서쪽의 서5층석탑과 모양새는 비슷하나 이 탑은 단층 기단이며 아무런 새김 장식이 없다는 점이 2층 기단에 새김 장식이 풍부한 서5층석탑과 대조를 이룬다.

이 석탑은 단층 기단 위에 길쭉한 5층의 탑신부를 올렸으며, 꼭대기에는 간단한 상륜부를 구성하였다. 기단부는 우선 바닥돌을 깔고 댓돌, 기단벽, 덮개돌을 차례로 짜맞추었으며 벽면의 네 모서리에는 기둥이 새겨져 있다. 탑신부는 1층의 몸돌만이 넉 장의 돌로, 그 윗부분은 몸돌과 지붕돌이 각각 하나씩의 돌로 짜여졌다. 탑신은 아래층에서 위층으로 갈수록 높이가 크게 줄고 탑신 폭도 줄어 균형 있는 감축을 이루었다. 각층의 몸돌 네 귀에는 기둥 모양이 새겨졌고 지붕의 두께는 예전의 석탑보다 얇아진 편이다. 처마 끝은 위아랫단이 수평을 이루다가 추녀에서 윗단이 살짝 들려 경쾌한 느낌을 주며, 처마 밑에는 각층 4단씩 층단받침이 있다. 그리고 상륜부에는 노반이, 그 위에는 노반을 가

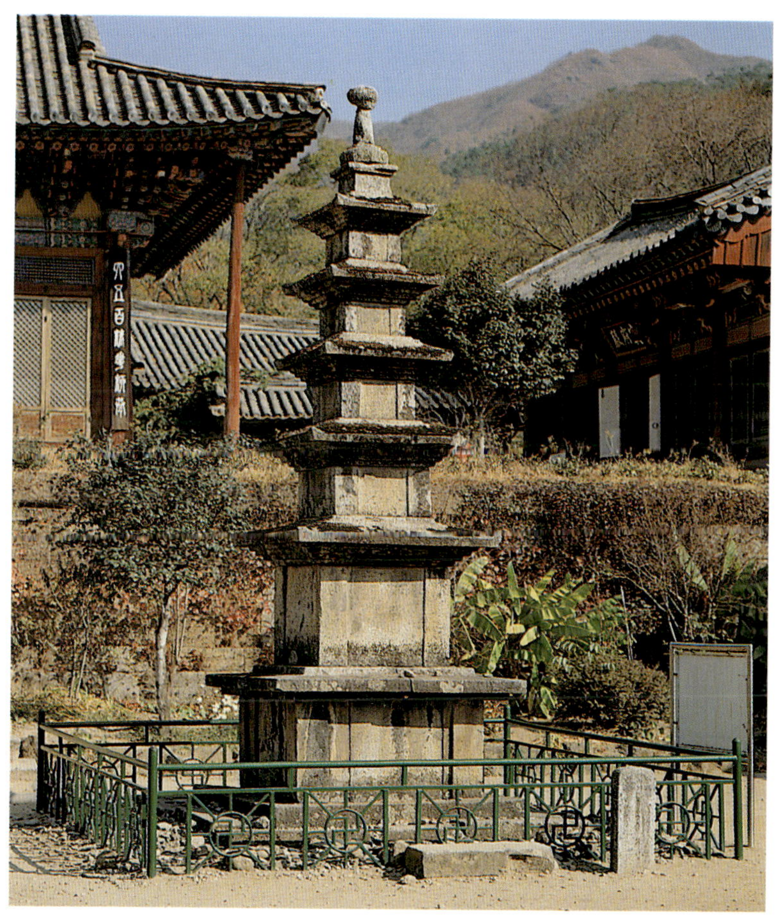

**동5층석탑**  모양새는 비슷하나 단층 기단이며 아무런 새김 장식이 없다는 점이 2층 기단에 새김 장식이 풍부한 서5층석탑과 대조를 이룬다.

득 덮다시피 한 반구형 복발이 얹혀 있는데, 복발 위 꼭지에 구슬을 장
식한 보주기둥이 있다. 이 석탑은 서5층석탑에 비해 어딘지 모르게 조
형미가 약간 여린 느낌을 주어 쌍탑이 아니라 서5층석탑보다 약간 늦게
세워진 석탑이었을 가능성도 있다.

기단부가 2층 기단에서 단층 기단으로 줄어든 점이나, 탑신부의 층
단받침이 5단에서 4단으로 줄어든 점 그리고 지붕돌의 두께가 얇아진
점 등을 참고할 때 통일신라 말기인 9세기 이후에 세워졌을 것으로 추
정된다.

### 서5층석탑(보물 제133호) – 높이 6.8미터

화엄사의 대웅전 앞뜰 왼쪽에 서 있는 이 석탑은 오른쪽의 동5층석탑
과 함께 쌍을 이루고 있으며, 각황전으로 오르는 축대와 매우 가깝게
서 있다. 이 석탑은 동탑과 달리 2층 기단을 갖추고 있고 또한 기단과
탑신부에 여러 가지 조각 장식이 되어 있어 두 탑이 대칭적으로 배치되
었음에도 불구하고 변화 있는 대비를 이루고 있어 주목된다. 그러나 자
세히 바라보면 이 탑은 동탑의 지점과 건물 배치상 대칭을 이루지도 않
고 있으며 조형 양식도 달라 두 탑이 쌍탑으로 세워지지 않았을 수도
있다. 오히려 신라 때 세워진 장륙전 앞의 석탑으로 세워졌을 가능성도
전혀 없지 않다.

이 석탑은 2층 기단 위에 5층의 탑신을 올렸고 꼭대기에는 간단한 상
륜 부재를 장식하였다. 기단부는 지면 위에 바닥돌을 깔고 그 위로 댓
돌, 기단벽, 덮개돌을 차례로 짜맞추어 아랫기단을 구성하였는데 여기
서는 댓돌과 벽면을 한데 새긴 돌덩이들로 맞추었다. 그리고 각 벽면에
는 세 개씩의 무늬곽을 내고 그 안에 십이지상을 새겼는데 남쪽 면 중
앙으로부터 왼쪽으로 말, 양, 원숭이, 닭, 개, 돼지, 쥐, 소, 호랑이,
토끼, 용, 뱀의 순으로 배열하였다. 윗기단은 네 벽의 모서리와 한가운

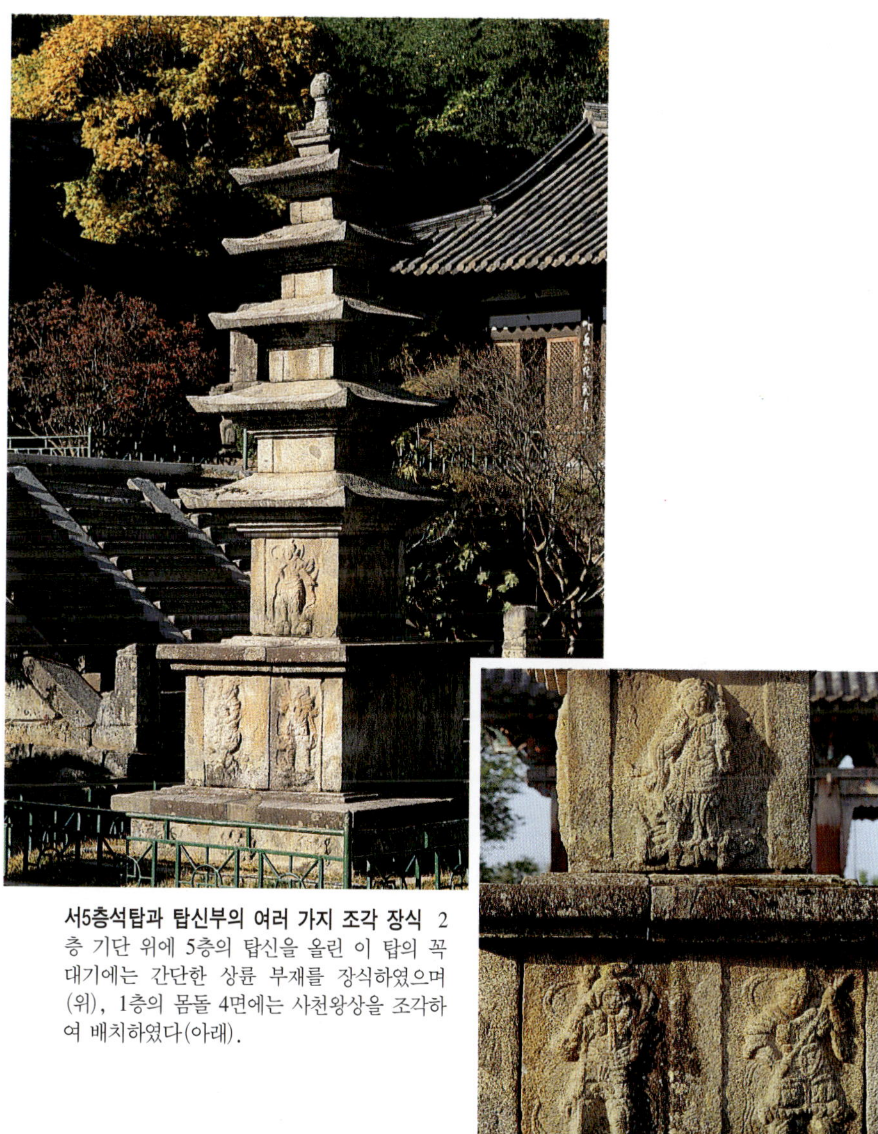

**서5층석탑과 탑신부의 여러 가지 조각 장식**  2층 기단 위에 5층의 탑신을 올린 이 탑의 꼭대기에는 간단한 상륜 부재를 장식하였으며(위), 1층의 몸돌 4면에는 사천왕상을 조각하여 배치하였다(아래).

데에 각각 기둥을 새겨 사방에 여덟 면의 벽체를 구성하고 각 면에 하나씩 모두 8구의 팔부신중상을 새겨 넣었다. 그리고 윗기단의 덮개돌 밑면에는 부연이 있고, 윗면은 약간의 경사면을 이루고 있다.

탑신부는 각층의 몸체와 지붕을 각각 하나씩의 돌로 구성하였는데, 몸체의 네 모서리에는 기둥을 새겼으며, 1층의 몸돌은 큼직하나 2층부터는 높이를 줄여 촘촘히 포개었다. 또한 1층의 몸돌 4면에는 사천왕상을 조각하여 동쪽에는 칼을 든 지국천왕, 서쪽에는 창을 든 광목천왕, 남쪽에는 띠줄을 잡고 있는 증장천왕, 북쪽에는 탑을 든 다문천왕을 배치하였다. 지붕돌은 처마 끝의 위아랫단이 수평을 이루다가 추녀에서 윗단이 살짝 들려 있고, 처마 밑의 층단받침은 각층이 모두 5단으로 되어 있다. 상륜부는 먼저 지붕 꼭대기에 노반을 놓았는데, 그 위에는 있어야 할 복발은 보이지 않고 바로 구슬을 장식한 보주기둥이 세워져 있다. 또 탑 앞에는 무늬곽과 연꽃무늬를 새긴 배례석이 놓여 있다.

2층 기단과 함께 5층 탑신으로 구성된 이 석탑은 늘씬한 자태를 지니고 있는 동시에 전통적인 격식을 잘 갖추고 있으며, 특히 기단부와 1층 탑신에는 십이지상, 팔부중상, 사천왕상 등을 배치하여 탑을 수호하는 장엄한 분위기를 자아내고 있다. 그러나 화엄사 4사자3층석탑에서 보이는 통일신라 전성기의 당당한 기운이 다소 감소되고 기단과 탑신에 표현된 부조 역시 평면적으로 처리되어 있어 이 석탑은 통일신라 하대인 9세기에 제작되었을 것으로 추정된다. 아울러 원래의 위치와 형태 및 부조 장식 등을 고스란히 지켜 오고 있으므로 통일신라 하대 석탑 연구에 귀중한 자료가 되고 있다.


### 원통전 앞 사자탑(보물 제300호) – 높이 3.4미터

이 석탑은 유일하게 화엄사에만 존재하는 매우 특이한 형태의 탑으로 기단은 화엄사 사자탑 형식의 2층 기단을 구성하였고 탑신부는 단층

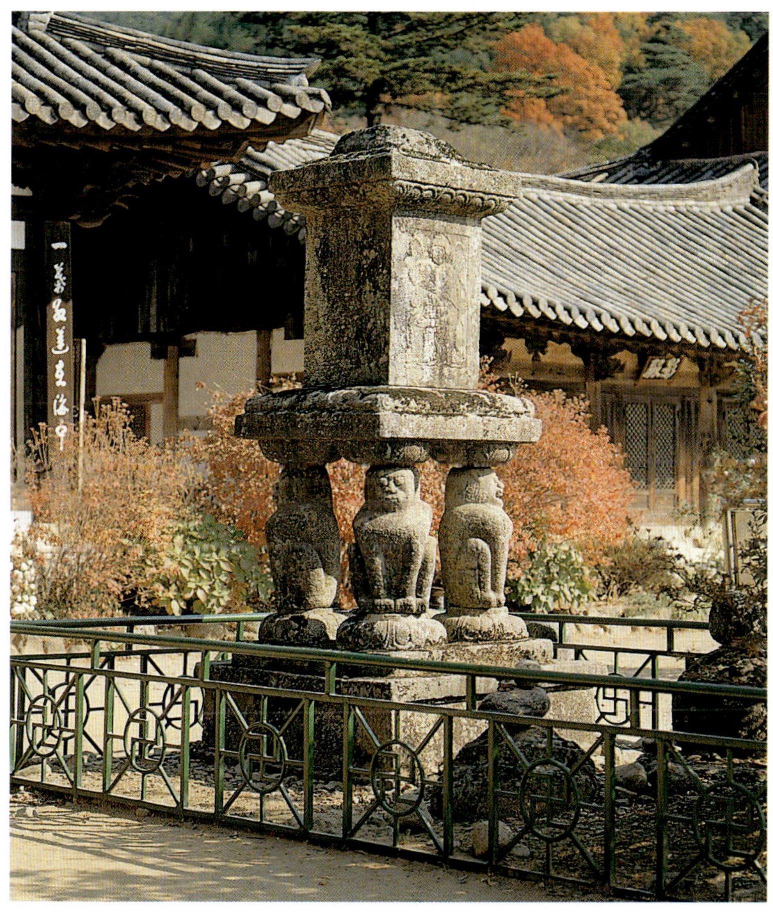

**원통전 앞 사자탑**  화엄사에만 존재하는 탑으로 사자탑 형식의 2층 기단을 구성하였고, 탑
신부는 단층으로 되어 있다. 통일신라 말기인 9세기 또는 그 이후에 조성되었을 것으로 추
정된다.

으로 되어 있으며, 상륜부는 현재 모두 없어져 원래의 모습을 추정하기
가 어려운 실정이다.

기단부의 아랫기단은 평범한 정사각형의 불단 모양을 이루었고, 윗
기단은 연꽃 대좌에 앉은 네 마리의 사자를 네 모서리에 배치하여 연꽃
을 머리에 인 채로 덮개돌을 받치도록 하였다. 덮개돌의 윗면 가장자리
둘레에는 연꽃잎이 새겨졌고, 그 내부에서 탑신부를 받치도록 되어 있
는데, 탑신부는 직육면체의 돌기둥과 같은 몸체 위에 연꽃무늬를 밑면
에 두른 판자돌을 얹은 모습이다. 그리고 이 탑신의 4면에는 얕은 선각
으로 신장상을 새겼는데, 오랜 세월을 거치는 동안 매우 희미해졌다.
그리고 현재 상륜부는 없으나 어떠한 형태로든지 상륜부가 존재하였을
것으로 추정된다.

이 석탑은 동일한 유례를 찾을 수 없는 희귀한 형식의 탑이어서 일명
'화엄사 노주(露柱)'라고도 불리우고 있다. 그리고 조형적인 면에서 볼
때 사자탑 형식의 기단부는 그 짜임새와 조형미가 퇴화되었고 탑신부
의 연꽃무늬와 신장상의 조각에서도 형식화된 느낌을 주고 있다. 따라
서 이 석탑은 통일신라 말기인 9세기 또는 그 이후에 조성되었을 것으
로 추정되는데, 학술적으로는 매우 독특한 형태의 석탑이므로 계속 연
구되어야 할 귀중한 가치를 지니고 있다.


### 각황전 앞 석등(국보 제12호) – 높이 6.2미터

화엄사의 동쪽에 세워진 각황전은 이 사찰 안에서 가장 큰 건물이며
전국의 사찰 건축물 가운데에서도 손꼽히는 대규모의 불교 건축물에
속한다. 그리고 이처럼 장중하게 지어진 각황전 앞에는 또한 우리나라
에서 가장 큰 규모의 석등이 훌륭한 솜씨로 세워져 있다. 원래 각황전
의 전신인 장륙전이 세워졌던 신라 때에 장륙전의 규모를 감안하여 여
기에 적정한 비율로 석등의 규모와 조형적인 품격을 맞추었기 때문에

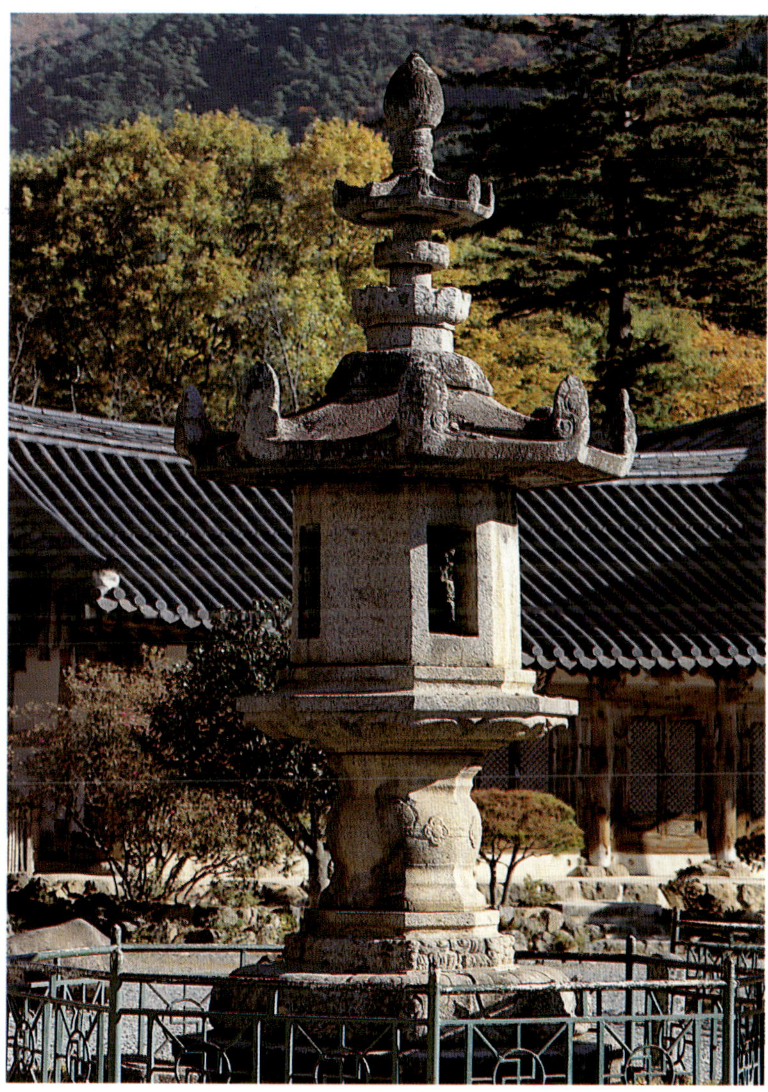

**각황전 앞 석등**  각황전의 위용과 조화를 이루기 위해 제작된 이 석등은 여러 가지 무늬 장식과 받침부의 변화 있는 조형으로 완화시켰으며, 상륜부를 강조함으로써 석등의 규모를 한층 신장시키는 효과를 얻었다.

이 석등은 오늘날에도 각황전의 위용에 뒤질세라 당당한 기품으로 서 있는 것이다. 여기서도 우리는 조상들이 건축 공간을 입체적으로 균형 있게 가늠하였던 탁월한 안목을 느낄 수 있다.

이 석등은 받침(기단), 몸체(불발기집), 상륜부 등 크게 세 부분으로 구성되어 있다. 또한 기단부는 다시 밑받침(하대), 중간받침(중대 또는 기둥), 윗받침(상대) 등 세 부분으로 분할된다. 우선 밑받침을 보면 댓돌을 땅 위에 맞춰 놓고 그 옆면에는 각 면에 두 개씩의 무늬곽을 배열하였다. 이와 같은 댓돌의 무늬 장식은 마치 목공예품의 소반굽처럼 석등의 가장 무겁게 느껴지는 부분을 시각적으로 가볍게 표현한 것이다. 댓돌 위에는 큼직한 여덟 장의 연꽃잎무늬를 새겨 두른 모양으로 밑받침을 조성하였는데, 우아하게 드리운 꽃잎들은 다시 꼭지머리가 하늘을 향해 일어서고 여기서 귀꽃이 솟아나 생기에 찬 활력과 아름다움을 더해 준다. 이와 같은 연꽃 모양의 밑받침 위에는 중간받침을 받치기 위한 괴임턱을 돋우었는데 여기에 구름이 서린 듯한 장식을 베풀었다.

맨 아래쪽에 소반형 굽을 돌출시킨 중간받침은 그 위의 본체를 받고 있다. 그런데 이 중간받침의 위아랫단은 양끝이 넓어지는 8각통형이나 중간부는 원형으로 배가 부푼 듯한 탄탄한 북 모양을 하고 있는 중간부에는 꽃띠를 둘러 치장하였다. 이와 같이 북 모양으로 중간받침을 표현하는 방식은 통일신라 말기의 수준급 석등의 조형에 대부분 채택되었다. 윗받침은 밑받침과 대칭을 이루는 연꽃받침으로 간결하고 단아하게 표현하였으며, 윗면에는 석등 본체를 받치기 위해 8각 소반굽 모양의 괴임턱을 돋우었다.

석등의 본체인 불발기집은 8각이며, 그 가운데 4면에는 불빛창이 직사각형으로 나 있는데, 이곳에는 아무런 장식이 없다. 지붕은 널찍하여 비바람을 덜 받게 되어 있고, 처마 밑은 평평하며, 처마 끝은 단정한 수평면을 이루다가 추녀 끝에서는 귀꽃이 힘차게 솟아 있다. 상륜부에는 먼저 연꽃잎을 새긴 노반을 지붕 위에 놓고 앙화(仰花)와 보륜(寶輪)을 일정한 간격으로 포개었으며, 그 위로는 귀꽃이 장식된 8각의 보개(寶蓋)를 씌우고 꼭대기에는 연꽃 봉오리 모양의 보주(寶珠)를 장식하여 마감하였다.

이 석등은 각황전의 위용과 조화를 이루기 위해 당당한 품격과 거대한 규격으로 제작되었다. 그리고 거대한 석등의 체구에서 느낄 수 있는 중량감을 여러 가지 무늬 장식과 받침부의 변화 있는 조형으로 완화시켰으며, 특히 상륜부를 강조함으로써 석등의 규모를 한층 신장시키는 효과를 얻었다고 할 수 있다. 사찰의 공간 비례에 알맞는 크기와 조형적인 품격을 고루 갖추고 오늘날까지 원래의 모습을 그대로 간직하고 있는 이 석등은 통일신라 말기인 9세기에 조성되었을 것으로 추정되며 당대의 석조 미술 연구에 귀중한 자료로 평가받고 있다.

## 화엄사 당간지주 - 높이 2.9미터

이 당간지주(幢竿支柱)는 화엄사 앞뜰에 있는 보제루의 오른쪽에 있다. 그런데 이것은 일반적인 당간지주와는 달리 지주의 끝부분이 앞뒤로 둥글게 깎여 있다. 뿐만 아니라 옆면 모서리의 모를 죽이는 방식이 중간부까지만 나타나고 있어 색다른 느낌을 준다.

이 당간지주는 여러 매의 길쭉한 돌로 바닥돌을 삼고 그 위에 지주를 세웠는데, 한쪽에는 위아래가 관통되는 구멍이 있고, 다른 한쪽은 홈만 파 놓았다. 지주의 형태는 밑이 넓고 위로 올라갈수록 좁아져 안정감을 이루었으며, 꼭대기 부분은 둥글고 부드럽게 깎아 전체적으로 든든하면서도 온화한 분위기를 자아내고 있다.

이와 같은 당간지주의 조형 양식은 조선시대의 석조 예술 전반에 흐르는 과묵하고 성실한 미감을 반영한 것으로 이 당간지주의 제작 시기 역시 조선시대로 추정되고 있다.

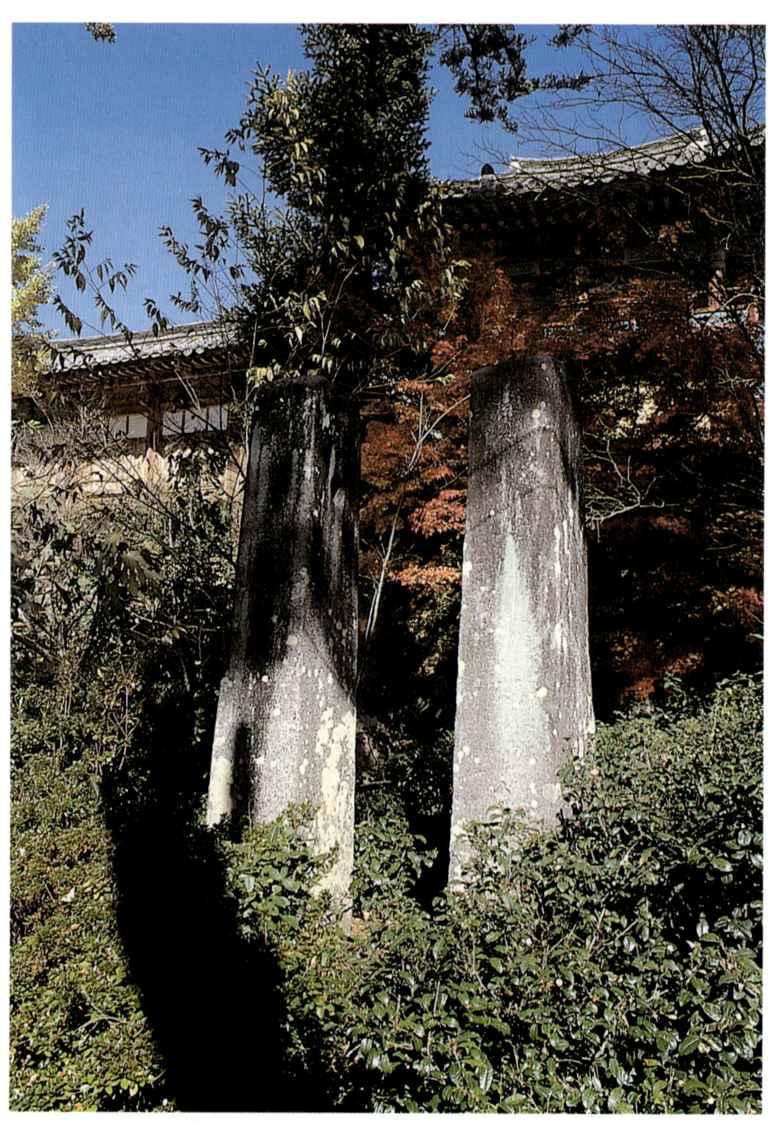

**당간지주** 지주 끝부분이 앞뒤로 둥글게 깎여 있으며, 측면 모서리의 모를 죽이는 방식이 중간부까지만 나타나고 있어 색다른 느낌을 준다.

## 화엄석경(보물 제1040호)

구례군에 대한 옛 기록인 『봉성지』에는 "신라 문무왕 10년(670) 의상 대사가 화엄사를 중창하면서 3층의 장륙전을 짓고 화엄경을 돌에 새겨 그 주위를 둘렀다고 하며, 이 장륙전은 정유재란(1597년) 때 불타 버리고 이때 화엄석경도 산산조각이 났다"고 한다. 그뒤 장륙전은 각황전으로 이름이 바뀌어 다시 지어졌고 화엄석경 조각들은 별도로 보관되어 오늘날까지 보전되고 있다. 우리는 이 화엄석경들을 통해 창건 당시인 통일신라시대 수많은 석경으로 온통 벽면을 장식했던 장륙전의 장엄한 분위기를 상상할 수 있다.

학자들의 연구에 의하면 이 화엄석경들은 문무왕 때 만들어진 것이 아니고 그로부터 훨씬 뒤인 통일신라 말기 정강왕(재위, 886~887년) 이후에 새겨진 것으로 추정하고 있다. 이 화엄석경에는 중국에서 797년에 번역된 『정원본사십화엄』도 포함되어 있으며, 『화엄사사적기』에 의하면 성강왕이 그의 형인 헌강왕의 명복을 빌기 위하여 『진본육십화엄』(418년 번역)과 『정원본사십화엄』을 새기도록 화엄사에 명하였다고 한다. 뿐만 아니라 현재 남아 있는 석경들의 글자를 관찰하면, 필적은 다르나 모두 동일한 글자체를 지니고 있는 것으로 보아 이 석경을 만드는 데 오랜 세월이 걸리지 않았음이 판명되었다. 그리고 석경에 새겨진 글씨는 해서체로 왕희지의 필법을 따랐고 최치원이 쓴 쌍계사의 진감국사 비문의 글씨와 유사하여 통일신라 말기에 제작된 것으로 추정하고 있다.

정유재란 때 왜병들의 방화로 불이 나자 장륙전의 거대한 벽면을 장엄하였던 석경들 또한 모두 불덩이 속에 부스러졌다. 석경들은 그 자리에서 100여 년 동안 지상에 노출되었을 것이고, 장륙전이 숙종 28년(1702)에 다시 '각황전'이란 이름으로 중건된 뒤에도 계속 법당 근처에 남아 있었다. 그러다가 일제강점기에 들어 각황전을 수리할 때 화엄사

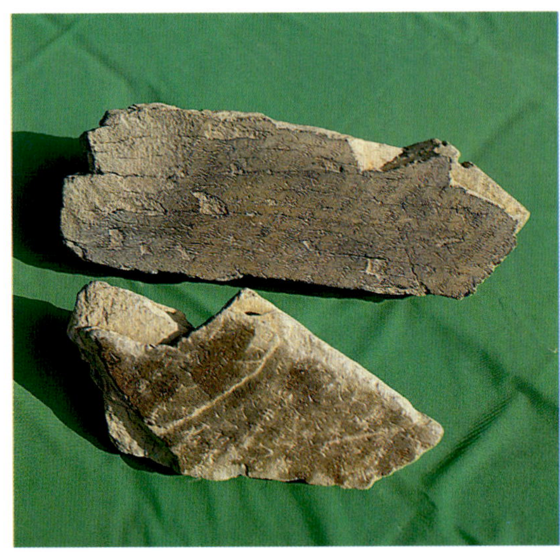

**화엄석경** 통일신라시대 벽면을 장식했던 석경의 전돌 모양 조각들을 통해 경전의 내용과 함께 변상도를 새겼을 가능성도 추측해 볼 수 있다. 사진: 유남해

에 머물던 진응 스님의 노력으로 분류·정리되어 포장되었다. 그러나 다시 한국전쟁을 당하여 포장된 상자가 파손되고 석경이 다시 땅 위에 쌓여 있게 되자, 1961년 9월에 재정리하여 보관하게 되었다. 이때 정리된 분량은 총 163상자에 14,242점이었고 석경의 크기는 열 자 안팎의 작은 조각으로부터 오십 자 가량이 새겨진 큰 파편까지 있었다고 한다. 석경의 색깔은 회갈색, 담홍색, 암회색 등 세 가지의 색조를 띠고 있는데 이는 화재로 인한 변색으로 추정되고 있다.

이 석경들의 조각을 맞춰 보면 원래 석경들은 정사각형의 전돌 모양으로 마름질한 석재를 서로 끼워 맞추면서 정연하게 경전의 내용을 새겼을 것으로 추정되며, 석경들 가운데에는 부조나 선각된 무늬가 새겨진 조각들도 볼 수 있어 경전의 내용과 함께 변상도를 새겼을 가능성도 있다.

## 벽암대선사비 – 높이 2.2미터

화엄사의 경내에 들어서 일주문을 지나 인왕문 앞으로 가다 보면 오른쪽으로 벽암대사의 비가 서 있다. 이 비석은 전통적인 격식은 갖추었으나 거북돌과 이맛돌의 형태가 고전적인 양식에서 벗어나 소박하고 친근한 향토적인 감각을 불러일으킨다. 그리고 이 비석에서 임진왜란 후 잿더미 속에서 화엄사를 다시 일으켰던 벽암대사의 발자취를 다시 한 번 생각하게 된다.

벽암대사는 임진왜란 때 승장으로 활약하고 화엄사를 비롯한 여러 곳의 사찰 중건 사업에 헌신하다가 말년에 화엄사에서 입적한 대선사다. 벽암대사의 법명은 '각성(覺性)'이고 속세의 성은 김씨이다. 충청도 보은에서 태어나 14세에 절에 들어가 훗날 부휴선사의 제자가 되었고 임진왜란 때에는 해전(海戰)에 참전하였다. 전란이 끝난 다음에는 제자들을 이끌고 화엄사·송광사·쌍계사 등을 중건하는 데 몸을 바쳤으며, 인조 때에는 남한산성을 축조하기도 하였다. 이때 임금으로부터 '팔도총섭'이란 직책을 제수받았으며, 공사를 마친 뒤에는 '보은천교원 조국일도대선사'란 칭호를 받았다. 벽암대사는 인조 8년(1630)에 화엄사의 중건 사업을 시작하여 7년 만에 대웅전과 몇 채의 부속 건물을 중건하였고, 이듬해인 인조 15년에 화엄사가 선종 대가람으로 승격되는 데에 크게 공헌을 하였다. 그뒤 벽암대사는 사신의 직책으로 일본에 가게 되었는데, 도중에 병을 얻어 직책을 사퇴하고 화엄사로 돌아와 입적하였다.

벽암대사비는 본체인 빗돌은 물론, 받침돌인 돌거북과 비의 머리에 해당하는 이맛돌까지 전통적인 석비의 격식을 갖추고 있으며, 보존 상태도 완연하다. 이 비석은 벽암대사의 입적 3년 뒤인 현종 4년(1663)에 세워졌다. 이 비석의 거북돌은 시대가 바뀜에 따라 예전의 전통적인 거북돌과 그 모양이 다르게 변해 버렸다. 거북돌은 대개 머리 모양에서

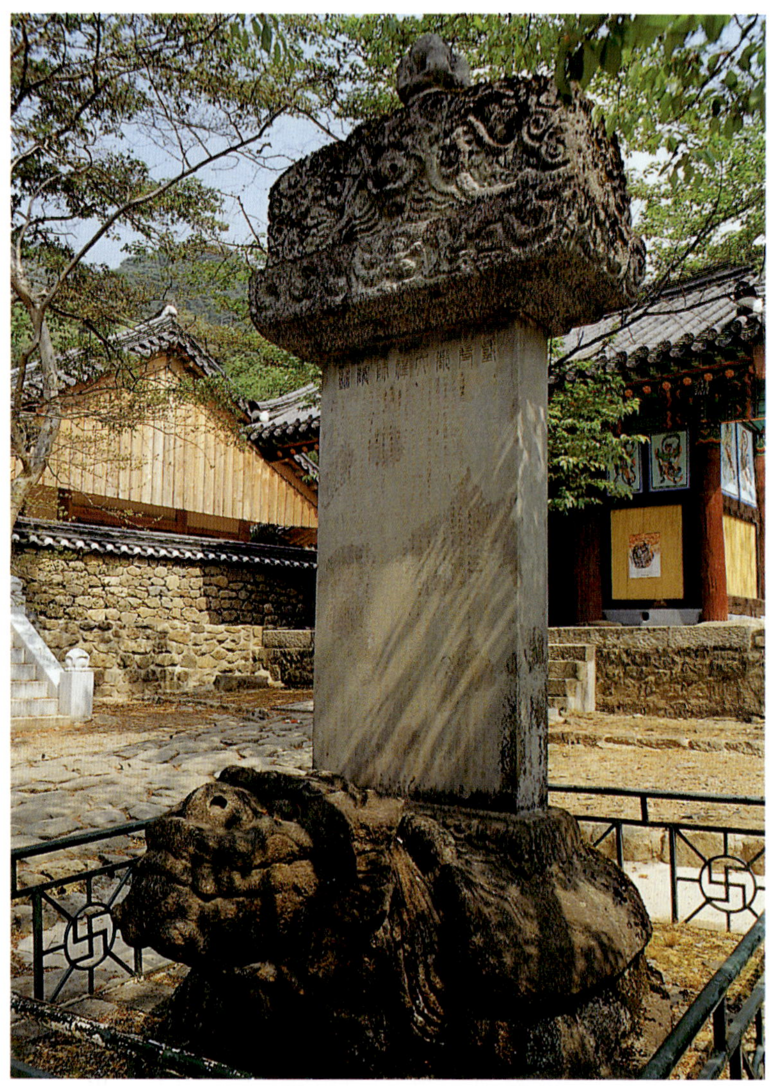

**벽암대선사비**  임진왜란 때 승장으로 활약하고 화엄사 중건 사업에 헌신하다 입적한 벽암 대사를 기리기 위해 세운 이 비는 거북돌과 이맛돌의 형태가 소박하고 친근한 향토적인 감각을 불러일으킨다.

확연하게 작품의 분위기를 드러내고 있다. 이 거북돌에는 과장된 머리에 가지런한 이빨과 다문 입, 올망졸망한 귀와 수염 그리고 움츠러든 목 등을 표현하는 데 있어 상당히 민예적인 감각이 발휘되었다. 또한 얌전히 모은 앞발의 자태와 몸뚱이에서 상당히 떨어져 있는 등가죽, 머리에 비해 작은 체구 등에서도 이 동물이 순박한 돌거북임을 느끼게 한다. 이러한 민예적 분위기는 이맛돌에도 그대로 표현되어 표면에 몸을 서린 여러 마리의 용을 대신하여 덩굴이 엉킨 모양을 표현하였고 용머리는 도깨비의 얼굴로 바뀌었다.

이 비석에서는 어딜 보아도 당당하거나 장중한 분위기를 느낄 수 없다. 그러나 바라보면 볼수록 인간미와 정감이 넘치는 모습으로 보는 이의 눈길을 머물게 한다. 비문의 전액(篆額)은 조계원(趙啓遠)이, 글씨는 오준(吳竣)이 썼으며, 비문은 당시 영외정을 지냈던 이경석(李景奭)이 지었다.


## 벽암대사 사리탑 – 높이 2미터

화엄사의 승탑들은 대부분 일주문으로 향하는 길목의 왼쪽에 모여 있다. 이곳에 서 있는 11기의 승탑 가운데 뒷줄에 가장 큰 규모로 서 있는 석종형 승탑이 바로 화엄사를 중건한 벽암대사의 사리탑이다.

이 탑은 맨 밑에 바닥돌을 정사각형으로 맞추어 깔고 그 위에 다시 정사각형으로 대좌를 놓았는데 네 귀에는 사자를, 오른쪽 뒷면에는 거북이를 조각하였다. 탑신은 돌로 다듬은 종 모양을 하였으며, 위아랫단에 띠를 새겼고, 중간부의 네 곳에는 직사각형의 유곽을 구획하고, 그 내부에 아홉 개의 유두를 표현하였다. 그리고 탑신의 꼭대기에는 간단한 연꽃무늬를 두르고 보주 모양의 상륜을 돋우어 간단하게 마감하였다. 탑신의 앞면에는 직사각형의 곽을 내고 그 안에 세로로 '벽암당탑 (碧巖堂塔)'이란 탑호를 새겨 넣었다.

이와 같이 낮은 기단 위에 종 모양의 무덤과 같은 탑신을 안치하고 그 위에 보주형 상륜 하나만을 장식하는 간결한 승탑 형식은 조선 후기에 들어와 크게 유행하였는데, 이전의 8각당형 승탑과 조형 법식을 서로 혼합시키면서 시대와 지역적 특성에 따라 다양하게 전개되었으며, 주인공의 지위에 따라 사리탑의 규모와 격식을 가감하기도 하였다.

### 구층암 3층석탑(전라남도 유형문화재 제132호) - 높이 4미터

화엄사 대웅전 뒤편으로 계류를 따라 300미터 가량 올라가면 구층암이란 암자에 이르게 된다. 이 암자는 자연스럽게 자라난 모과나무 줄기를 그대로 잘라서 절집의 기둥으로 사용한 곳으로도 유명한데, 앞마당에는 손상은 심하나 고풍스럽고 석질이 고운 3층석탑 1기가 서 있다.

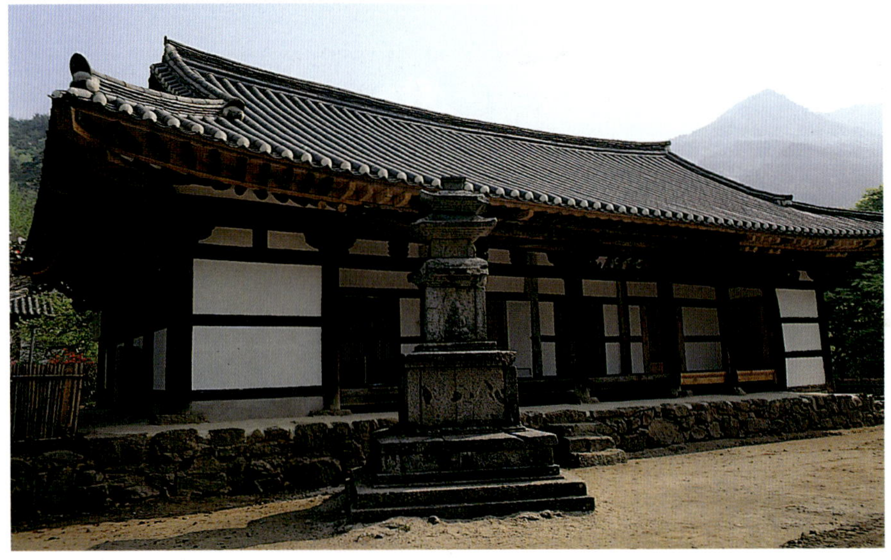

**구층암 3층석탑** 2층 기단 위에 3층의 탑신을 하고 있는 이 석탑은 탑이 무너지고 난 뒤 절집이 들어서면서 탑과 건물의 향배가 어긋나게 된 것으로 보인다.

그리고 이 석탑은 현재 암자의 건물 배치와 방향이 맞지 않은 채 절집과 가깝게 서 있는데, 아마도 탑이 무너지고 난 뒤 절집이 들어서고 1961년 9월 다시 예전의 탑자리에 복원되는 과정에서 탑과 건물의 향배(向背)가 어긋나게 된 것으로 추정된다. 실제로 지금도 암자의 주변에는 탑재로 쓰였던 많은 석재들이 산재하고 있다.

이 석탑은 2층 기단 위에 3층의 탑신을 구성하였으며, 기단부는 높직한 바닥돌을 바닥에 맞추어 깔고 그 위로 기단 본체를 짜올렸는데 아랫기단 4면에는 귀기둥〔우주(隅柱)〕과 샛기둥〔탱주(撑柱)〕을 하나씩 새겼다. 또 아랫기단의 덮개돌은 윗면을 약간 경사지게 하였고 그 위에 짜여진 윗기단의 4면에도 역시 귀기둥과 샛기둥을 하나씩 새겨 넣었다. 윗기단의 덮개돌 밑면에는 부연을 내고 윗면 중앙에는 소반굽 모양의 탑신 괴임턱을 돋우었다.

탑신부는 3층 탑신을 구성한 것으로 추정되며 각층 몸체에는 귀기둥을, 1층 앞면에는 여래좌상을 새겨 놓았는데, 당당하고 활력 있는 조각 솜씨가 상당한 편이다. 처마 밑에는 4단의 층단받침이 있고, 처마 끝은 추녀에서 살짝 들려 있는데 이러한 특징은 각층에서 동일하게 나타나고 있다. 현재 3층의 몸체는 없어졌고 상륜부는 노반만이 남아 있다.

이 석탑은 재질이 우수하고 단정한 맵시를 지닌 석탑이었을 것으로 생각되며, 신라 말에서 고려 초에 조성된 10세기의 작품으로 추정된다.


## 구층암 석등 - 높이 2.4미터

화엄사 구층암 뒤편 천불전 앞에 서 있는 이 석등은 그 앞에 놓인 배례석과 함께 거의 완형을 유지하고 있는데, 기둥돌과 불발기집은 1961년에 보수하여 새로운 석재로 바꾸었다고 한다.

이 석등은 기본적인 8각석등의 형식을 갖추고 있다. 즉 밑부분은 무늬곽을 벽면에 배열한 8각의 댓돌 위에 연꽃잎무늬를 덮어 장식하고 기

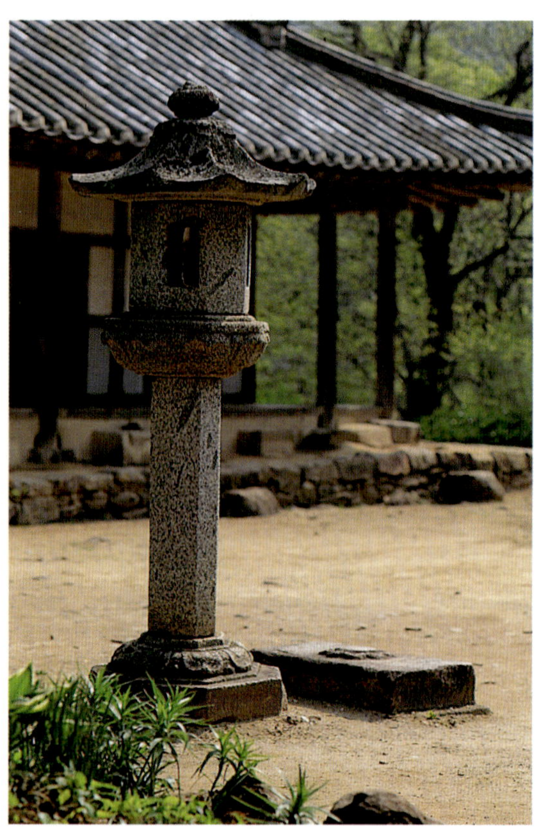

**구층암 석등**  8각석등의 형식을 갖추고 있는 이 석등은 전체적으로 매우 단정하다. 고려 초기에 제작된 것으로 보이며, 신라 석등을 그대로 답습하였다.

둥은 길쭉한 8각기둥을 세웠으며, 기둥 위에는 연꽃잎무늬를 받쳐 장식한 윗받침을 8각으로 맞춘 다음 그 위에 석등 몸체를 올렸다.

석등 몸체의 불발기집 또한 8각으로 4면에 긴 네모꼴로 불빛창을 내었으며, 8각의 지붕은 처마 끝이 평평하며 추녀 끝은 위로 살짝 솟아 경쾌한 느낌을 주고 있다. 지붕 꼭대기에는 연꽃잎무늬를 덮어 장식하였으며, 그 위로는 보주 하나를 올려 놓았다. 전체적으로 매우 단정한 모양의 석등이라 할 수 있는데, 이러한 양식은 일반적인 신라 석등을 그대로 답습하여 고려 초기에 제작된 것으로 보고 있다.

한편 석등 앞에 놓인 배례석은 옆면에 무늬곽을 베풀었고 윗면 한가운데에는 연꽃무늬를 새겨 놓았다.


## 불상 조각

### 대웅전 목조 삼신불좌상 – 높이 2.5~2.7미터

화엄사의 대웅전 안에는 목조 삼신불좌상이 봉안되어 있다. 주존불은 비로자나불이며, 협시불상은 왼쪽의 노사나불과 오른쪽의 석가여래불로 이루어졌는데, 이와 같은 세 불상의 집합체를 삼신불이라 부른다. 비로자나불은 화엄경의 주존불이며 무한 광명의 청정한 부처 또는 모습조차 없는 자성(自性)의 상징적 부처로 법신불이라 부르며, 노사나불은 비로자나불이 세상에 모습을 드러낸 것으로 보신불이라 하고, 석가여래불은 깨달음으로 부처의 경지를 이루어낸 화신불이라 한다. 그리고 이와 같은 삼신불상 또는 비로자나불상은 화엄경의 가르침을 높이 받드는 사찰의 큰 법당에 모셔지는데, 이때 법당의 명칭은 주로 대적광전, 대광명전, 보광전, 적광전 등으로 불리우게 되며 석가여래불을 주존불로 봉안할 때는 대웅전이란 명칭을 갖게 된다. 그러므로 대웅전에 비로자나불상을 비롯한 삼신불을 봉안한 것은 매우 이례적인 사례이기는 하나 원래 화엄의 가르침을 받들고 창건된 화엄사의 전통을 길이 간직하려는 의도가 엿보인다.

세 불상은 앞에 명패를 붙이고 있으며, 중앙의 비로자나불상은 합장한 채 오른손으로 왼손을 감싸고 있고, 오른쪽의 노사나불은 머리에 보관을 쓰고 있으며, 왼쪽의 석가여래불은 오른손을 무릎 밑으로 향하고 왼손은 손바닥을 위로 한 항마촉지인(降魔觸地印)의 손 모양을 하고

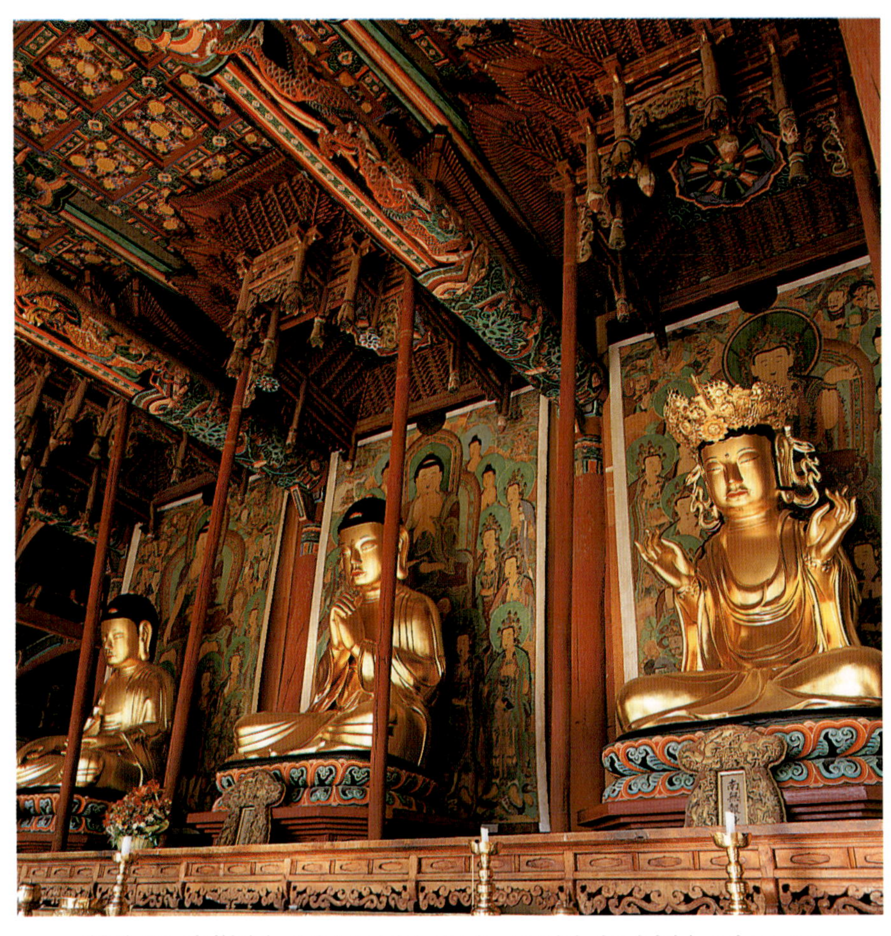

**대웅전 목조 삼신불좌상**  화려하게 장엄된 내부에는 주존불인 비로자나불을 중심으로 오른쪽에는 석가여래불을, 왼쪽에는 노사나불을 봉안하였으며, 각 불상 위에는 독립된 닫집을 설치하였다.

있다. 세 불상은 모두 곱슬머리에 계주(髻珠)를 지니고 있으며, 턱 주변이 넓적한 얼굴은 4각형에 가깝고, 코와 입술은 작고 도톰하며, 목이 짧은 특징을 지니고 있다. 그리고 윗몸과 무릎 등 신체의 표현도 자세만 다를 뿐 조각 기법은 대동소이한데 대체로 묵직하고 담백한 느낌을 주고 있어 조선시대의 조각다운 분위기를 자아내고 있다. 이 삼신불상은 화엄사 대웅전의 중건(1636년)에 맞추어 17세기 전반에 조성되었을 것으로 추정된다.

### 각황전 목조 칠존불상 – 높이 3~3.5미터

화엄사의 각황전에는 3구의 불상과 4구의 보살상 등 모두 칠존불상이 봉안되어 있다. 불상은 중앙의 석가여래좌상을 중심으로 왼쪽에 아미타여래좌상, 오른쪽에 다보여래좌상을 배치하였고, 다시 석가여래상은 오른쪽에 문수보살과 왼쪽에 보현보살입상을 협시보살로 배치하였으며 불단의 맨 끝 오른쪽에는 지적보살을, 왼쪽에는 관세음보살을 배치하였다.

세 불상 모두 곱슬머리에 작은 살상투를 올렸고 머리 중앙부에는 계주가 있다. 얼굴은 사각형으로 이마에 백호가 있고 이목구비는 작고 예리한 편이다. 법의는 양어깨를 두른 통견 형식이며, 가슴으로부터 하체를 감싼 옷은 무릎 가운데서 옷자락을 모두었다. 다만 석가여래는 항마촉지인, 아미타여래와 다보여래는 서로 대칭을 이룬 구품인(九品印)의 손 모양을 짓고 있는 점이 다를 뿐이다.

보살상들은 모두 머리에 화려한 보관을 쓰고 서 있으며, 사각형의 얼굴에 눈, 코, 입이 가늘고 오똑하며 천의 자락은 보현보살이 Y자형, 문수보살이 X자형으로 드리워져 있고 관세음보살과 지적보살은 U자형 천의 자락을 드리웠다. 그리고 네 보살 모두 무릎 부분에서 옷자락이 한 가닥씩 겹쳐지면서 화려하게 장식되었다.

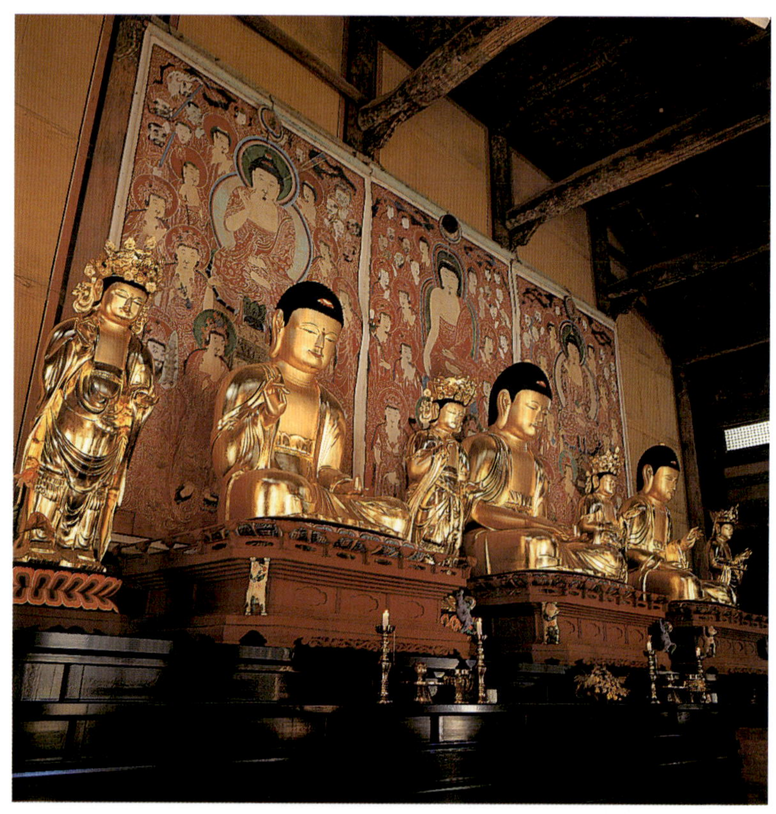

**각황전 목조 칠존불상**  3구의 불상과 4구의 보살상들은 거구의 신체를 표현하면서도 외모
의 변화를 억제하고 조형적인 통일성을 유지하였다.


　　이와 같이 불상과 보살상들의 조형적 특징은 거구의 신체를 표현하
면서도 외모의 변화를 억제하고 조형적인 통일성을 유지하였다는 점을
들 수 있다. 이 불보살상들은 불상 내부에서 발견된 기록에 의해 각황
전이 중건된 이듬해인 숙종 29년(1703)에 조성된 것으로 밝혀졌다.

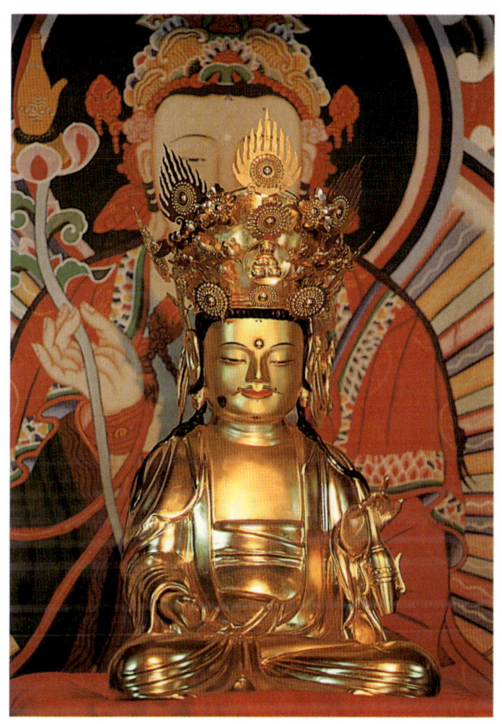

**원통전 목조 관음보살좌상**
대승불교의 으뜸가는 보살
로 위로는 깨달음을 구하고
아래로는 중생을 구하는 일
을 도맡아 하고 있는 관음
보살좌상은 머리에 화려한
보관을 쓰고 얼굴의 형태는
사각형을 이루었으며, 이목
구비의 표현이 가늘고 작은
편이다.

## 원통전 목조 관음보살좌상 – 높이 1.1미터

원통전은 관음보살을 주존으로 모시는 전각이다. 관음보살은 대승불
교의 으뜸가는 보살로 위로는 깨달음을 구하고 아래로는 중생을 구하
는 일을 도맡아 하고 있다. 화엄사의 원통전은 대웅전의 왼쪽에 있으
며, 목조 관음보살좌상은 유리 감실 안에 봉안되어 있다.

이 관음보살좌상은 머리에 화려한 보관을 쓰고 얼굴의 형태는 사각
형을 이루었으며, 이목구비의 표현이 가늘고 작은 편이다. 이마에는 백
호가 표현되었고, 목에는 '삼도(三道)'라고 하는 세 겹 주름이 져 있으
며, 가슴 위에는 영락(瓔珞)을 장식하였다. 윗옷은 양어깨를 덮은 형태

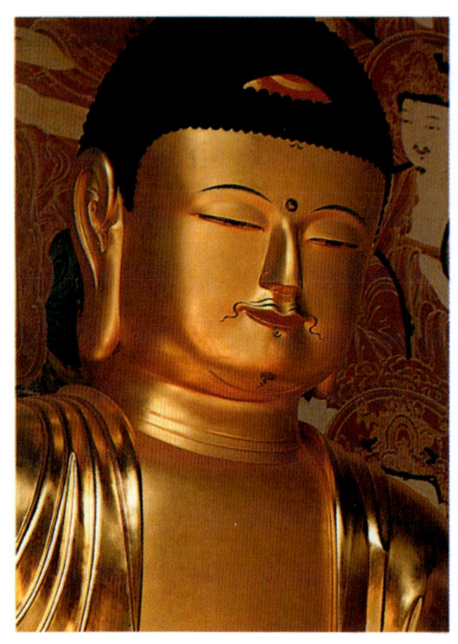

**명부전 목조 지장보살좌상(세부)** 지장보살 좌상은 지옥에 떨어진 중생을 제도하여 모두 극락 세계로 인도해 주는 희생적인 보살로 아무런 장식도 걸치지 않았으며, 까까머리에 얼굴은 단아하며, 이마에 백호가 있고 귀는 어깨까지 늘어져 있다.

로 가슴 밑의 속옷 자락은 띠로 묶여 있고, 연꽃무늬로 장식되었는데 꽃잎이 바깥으로 벌어진 형태가 각황전 불상과 비슷하다. 하체를 덮는 옷자락은 양무릎을 감싸고 올라와 양다리의 가운데로 모아졌다. 이 보살좌상의 조성 시기는 확실하지 않으나 대략 조선 후기로 추정되고 있다.

### 명부전 목조 지장보살좌상 – 높이 1.4미터

지장보살은 지옥에 떨어진 중생을 제도하여 모두 극락 세계로 인도해 주는 희생적인 보살로 아무런 장식도 걸치지 않으며, 머리는 까까머리거나 간혹 두건을 두른 모습으로 표현되고 주로 명부전에서 볼 수 있다.

화엄사의 명부전에 봉안된 목조 지장보살좌상은 까까머리에 얼굴은 단아하며, 이마에 백호가 있고 귀는 어깨까지 늘어져 있다. 목에는 희미한 주름이 있으며, 윗옷은 양어깨를 덮는 형식으로 배 밑에서 U자형의 겹주름을 이루고, 손 모양은 아미타 구품인을 짓고 있다. 하체의 속옷은 가슴 부분에서 띠로 매어지고, 겉옷 자락은 무릎을 감싼 다음 무릎 한가운데로 모아지며, 앞자락은 부채꼴을 이루고, 위쪽의 끝자락은 윗옷인 법의 자락과 끝단이 겹쳐지고 있다.

이 지장보살상은 명부전이 대웅전과 함께 중건될 무렵인 17세기 전반에 조성되었을 것으로 추정된다.

## 사천왕상 – 높이 3.8미터

사천왕은 부처님이 계신 불국토를 위해 동서남북 네 방위를 지키는 천왕으로 사익하고 못된 깃들이 절 안으로 들어오지 못하도록 가람 수호를 위해 절 입구에 봉안된 수호신을 일컫는다. 대부분의 사천왕상(四天王像)은 험상궂은 얼굴로 악령을 불리치는 표성과 몸짓을 하고 있는데, 화엄사의 경우 천왕문의 오른쪽에 동방지국천왕과 남방증장천왕을 배치하였고, 왼쪽에는 북방다문천왕과 서방광목천왕을 배치하였다.

화엄사의 사천왕상은 흙으로 빚어낸 소조상으로 조선 후기에 제작된 것으로 추정되고 있다. 입구 쪽에서 오른쪽 뒤에 있는 동방지국천왕은 갑옷을 입고 걸터앉은 자세로 손에는 비파를 들고 있다. 오른쪽 앞의 남방증장천왕은 갑옷의 옷차림에 오른손은 주먹을 불끈 쥐고 왼손은 칼을 쥐고 있다. 왼쪽 앞의 서방광목천왕은 갑옷 차림에 왼손은 여의주를 잡고 오른손에는 용을 쥐고 있으며, 왼쪽 뒤의 북방다문천왕은 갑옷 차림에 오른손은 깃이 달린 창을 쥐고 왼손으로는 사자를 쥐고 있다. 이들 사천왕상은 모두 머리에 화관을 쓴 것과 갑옷을 두른 옷차림 그리고 강인한 눈썹을 치켜세우며 부릅뜬 눈동자의 표현이 동일하게 나타나고 있다.

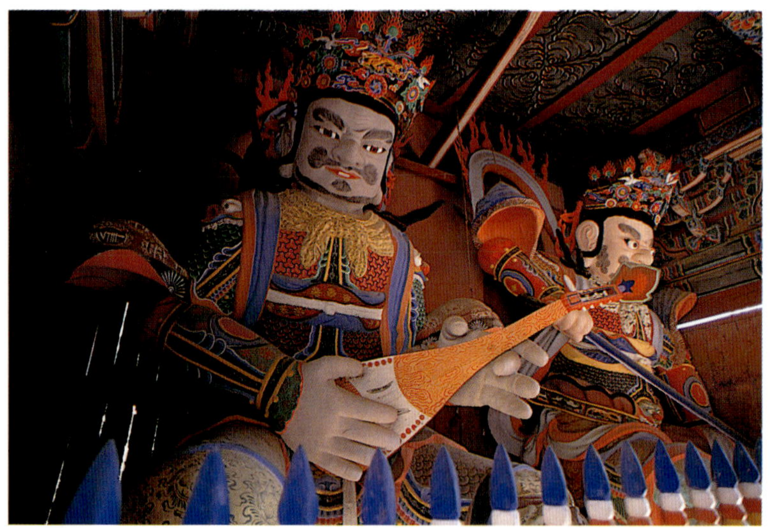

**사천왕상** 흙으로 빚어낸 소조상으로 천왕문의 오른쪽에 있다. 갑옷을 입고 걸터앉은 자세
로 비파를 들고 있는 소조상이 동방지국천왕이며, 갑옷을 입고 왼손에 칼을 쥐고 있는 것
이 남방증장천왕이다.


## 인왕상 – 높이 3미터

화엄사의 금강문 내부의 양쪽에 서 있는 인왕상(仁王像)은 금강역사
라고도 하며 가람의 출입문을 지켜 주는 역할을 맡고 있다. 그래서 예
부터 인왕상은 험상궂은 인상으로 악한 것들에게 겁을 주는 자세를 취
하고 있는데, 주로 머리는 질끈 동여매고 윗옷은 벗어 제쳐 상체의 힘
있는 근육을 과시하는 모습으로 등장한다.

이곳의 인왕상은 동여맨 상투 밑으로 얼굴에는 부릅뜬 눈과 다문 입
술 그리고 힘찬 주먹코를 표현하였다. 윗옷은 벗은 채 천의 자락을 휘
날리며 한 손으로는 금강저(金剛杵, 수법할 때 쓰는 도구)를 잡고 한
손으로는 권법의 자세를 취하였다. 한편 이 인왕상들은 바로 뒤편에 있
는 문수동자와 보현동자를 보호하고 있는 듯한 분위기를 느낄 수 있다.

## 동자상 - 높이 1.9미터

화엄사 금강문의 인왕상 뒤편에 있는 2구의 동자상(童子像)은 문수동자와 보현동자이다. 왼쪽의 보현동자상은 흰 코끼리 등에 걸터앉아 있으며, 하얀 얼굴에 머리를 양쪽으로 묶은 모습을 하고 있다. 또한 청색의 천의 자락을 걸쳤고, 가슴에는 붉은 띠를 둘렀으며, 양손은 손바닥을 내보이고 있다.

오른쪽의 문수동자상은 사자의 등을 옆으로 걸터앉아 있는데, 하얀 얼굴에 두 갈래로 머리 묶음을 하고 가슴에는 하얀 띠를 둘렀으며, 붉은색의 천의 자락을 걸치고 있다. 두 동자상은 문수보살과 보현보살의 인연을 갖게 된 동자상들로 동자상뿐만 아니라 문수·보현보살의 표현에서도 흔히 사자와 코끼리를 등장시킨다. 불교에서는 예부터 사자는

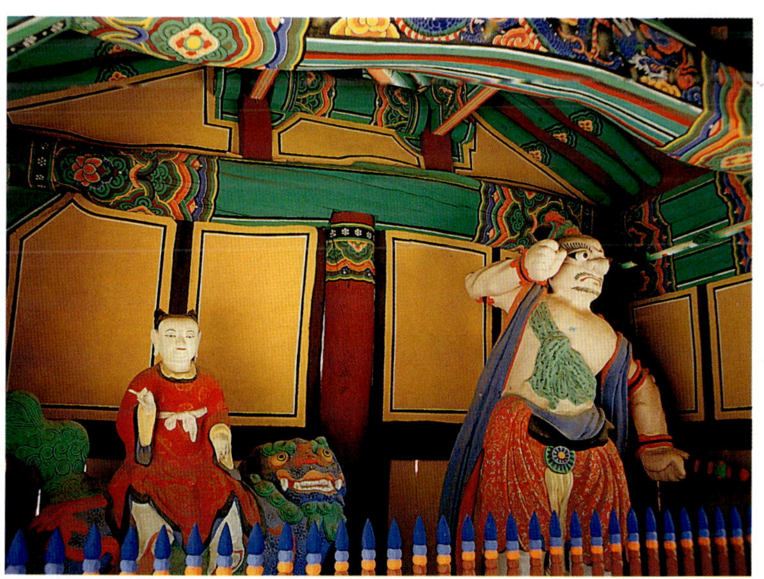

**인왕상과 동자상**　인왕상은 가람의 출입문을 지켜 주는 역할을 맡고 있으며, 바로 뒤편에 용맹을 상징한다는 문수동자가 사자의 등에 걸터앉아 있다.

용맹을, 코끼리는 지혜를 상징하는 동물로 받아들여지고 있다.


## 불교 회화

### 괘불(국보 제301호) - 크기 12미터×8.1미터(각 폭)

이 괘불은 화엄사에 중창 불사를 일으켜 완공한 뒤 벽암대사를 비롯한 화엄사의 모든 승려와 불자들이 공을 들이고 왕실을 축원하며 제작한 대규모의 불화이다. 이 불화는 석가여래가 영취산에서 설법하는 광경을 그린 영산회상도라고 할 수 있으며, 색채가 곱고 균형 잡힌 구도와 치밀한 선의 움직임이 돋보여 조선 중엽의 최대 걸작으로 손꼽히고 있다. 이 불화는 1653년에 완성되었고 화폭은 삼베 바탕에 채색을 하였다.

이 불화의 화면은 석가여래를 주존불로 하고 문수보살과 보현보살을 협시보살로 구성하는 삼존불을 삼각 구도로 배치하고 삼존상 아래쪽에는 사천왕 중에서 동방지국천왕과 남방증장천왕을 당당한 모습으로 배치하여 전체적인 구도를 얼른 보면 오존상 구도로 보일 수도 있다. 또한 천왕들 사이로는 예배단이 있으며, 그 위로는 향로를 안치하였다.

삼존불상 위쪽으로는 훨씬 작아진 규격으로 십대제자와 2구의 화신불을 배치하였으며, 얼굴에는 독특한 표정이 살아 있고 이들의 위쪽으로는 다시 사천왕 중 서방광목천왕과 북방다문천왕을 배치하여 화면의 네 귀에서 사천왕이 수호하는 형국을 이루었다. 그리고 각 불보살상들의 신체는 균형이 잡혀 있고 머리에는 뾰족한 살상투와 큼직한 계주가 표현되어 있으며, 둥근 얼굴에는 오똑한 코와 입, 큼직한 눈이 표현되었다. 신체는 늘씬하고 옷자락에는 세밀하고 정교한 꽃무늬를 비롯한 여러 가지 꽃무늬가 장식되어 있는데, 특히 화려한 장신구를 걸친 모습

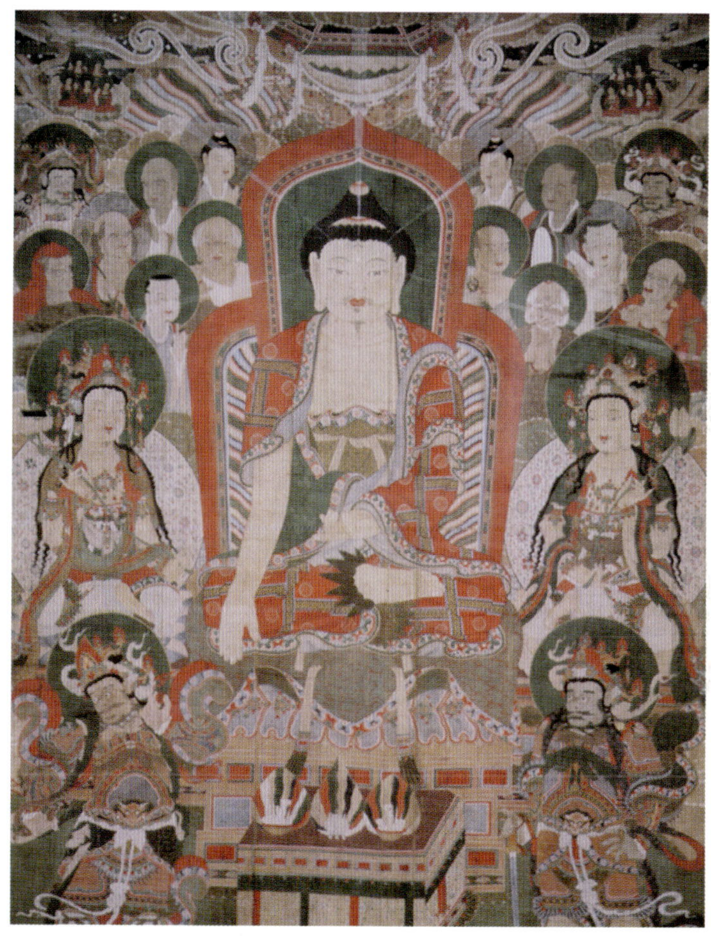

**화엄사 괘불**  색채가 곱고 균형 잡힌 구도와 치밀한 선의 움직임이 돋보이는 이 불화는 임진왜란 이후 불타 버린 전각들을 중창하고 난 뒤 벽암대사를 비롯한 승려와 불자들이 공을 들이고 왕실을 축원하며 제작한 것이다. 사진:성보문화재연구원

이나 광배(光背)의 꽃무늬 장식과 그 밖의 꽃 장식 등을 한 보살상에서
는 호화로움을 느낄 수 있다.

이처럼 화려하고 밝은 색채를 지닌 여러 가지 장식 무늬를 구성한 것
이 이 불화에서 돋보이는 점이며, 조선 중엽의 보편적인 영산회상도와
다른 삼존상 위주의 독특한 구도를 지니고 있는 점도 이 불화가 지니고
있는 또 하나의 특징이라고 하겠다.

### 대웅전 삼신불회도 - 크기 4.3미터×3.0미터(각 폭)

이 삼신불회도(三身佛會圖)는 1757년에 그려진 세 폭의 불화이며 대
웅전에 봉안된 삼신불과 짝을 이루어 각 불상의 후불탱화로 걸려 있다.
따라서 중앙에 걸린 불화가 비로자나불화이고, 왼쪽이 석가모니불화이
며 오른쪽이 노사나불화이다.

중앙의 비로자나불화는 지권인(智拳印)의 손 모습을 한 비로자나불
을 화면 중앙에 배치하고 주위에는 10대보살과 4구의 화불을 배열하였
다. 오른쪽의 석가모니불화는 중앙에 석가여래, 주위에 6대보살과 10
대제자 그리고 2구의 천왕을 배치하였고 왼쪽의 노사나불화는 중앙에
노사나불, 둘레에 8대보살, 4구의 불화, 2구의 천왕과 여러 신장 등을
배치하였다.

이 불화에서 비로자나불과 석가여래는 앞에 놓인 불상과 마찬가지로
생김새가 비슷하고 손 모양만 다르며, 노사나불은 화려하게 얼굴과 신
체를 치장하였다. 각 불상들은 붉은 법의를 입고 키형 광배를 지니고
있으며, 각 보살들은 검은 머리카락이 길게 허리까지 땋아 있고, 머리
위에는 치레 장식이 많이 달린 보관을 쓰고 있다. 두광(頭光)에 사용
된 초록색은 전체적으로 차분한 느낌을 주며, 간간이 사용된 홍색의 색
조와도 조화를 잘 이루어 18세기 불화의 특징을 잘 나타내고 있다.

# 공예

### 고려 동종 – 높이 15센티미터

이 동종(銅鍾)은 화엄사의 보물장에 보관된 것으로 원래는 일제강점기에 구층암의 천불전 터에서 출토된 것이라고 한다.

이 동종은 작은 규모로 꼭지에는 음통이 달려 있고 어깨 면에는 연꽃잎 모양의 띠가 돌출되어 있으며, 몸통의 네 곳에는 두광이 있는 보살 좌상이 1구씩 배치되었다. 또한 상단에는 네 곳에 유곽을 내고 그 안에 아홉 개의 유두를 표현하였으며, 몸통의 아랫단에도 띠를 두르고 있는데 아래띠 위쪽의 네 곳에 꽃무늬 장식의 당좌가 표현되고 위아래 띠에는 인동무늬를 장식하였다.

이 동종은 어깨 면의 연꽃 장식과 보살상의 배치 그리고 종의 조형 양식 등에서 고려 후반기에 제작된 것으로 추정된다.

### 종루 범종 – 높이 1.2미터

화엄사의 보제루 옆에는 종루가 세워져 있고 여기에는 대형 법고와 함께 화엄사에서 가장 큰 규모의 범종이 걸려 있다.

이 종의 윗면에는 한 마리의 용을 구부려 종걸이를 만들었고 그 옆으로 용의 꼬리가 음통을 감고 돌면서 그 끄트머리가 돌출되어 있다.

몸통의 어깨 부분은 곡선으로 처리되었고, 몸통의 윗띠에는 당초무늬가 장식되어 있다. 그 밑으로는 두 겹의 구슬띠무늬를 두르고 있으며, 그 아래에는 여덟 개의 범자(梵字)를 새겼다. 또한 몸통의 약간 윗부분 네 곳에는 유곽과 아홉 개의 유두가 표현되었으며, 유곽과 유곽의 사이에는 4구의 보살입상이 배치되어 있다. 몸통의 밑부분에는 당좌가 없고 아래띠만이 장식되었다.

이 범종에는 18줄의 글자가 새겨져 있는데, 그 내용에 의하면 조선

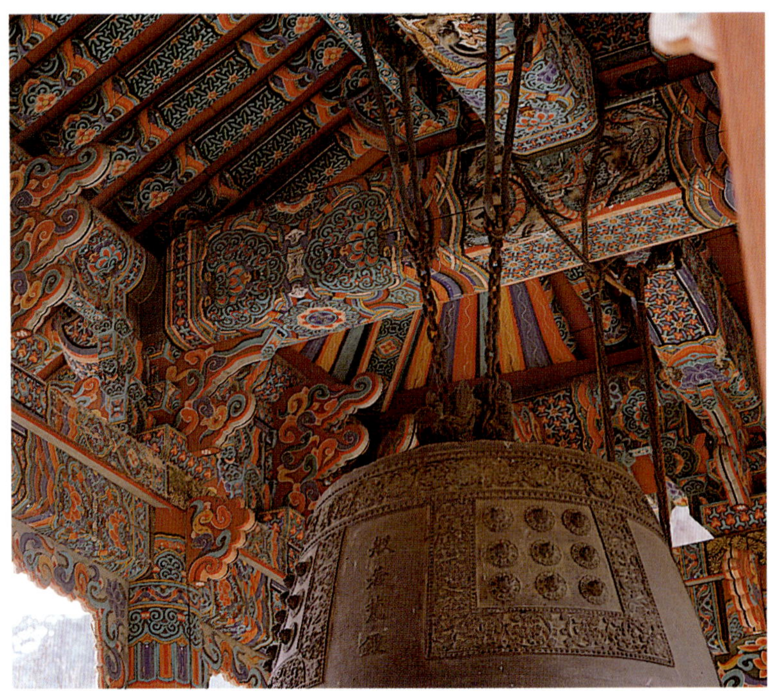

**범종각 범종** 보제루 옆 종루(범종각) 안에는 화엄사에서 가장 큰 규모의 범종이 걸려 있는데, 이 범종에는 18줄의 글자가 새겨져 있으며 내용에 의하면 조선 숙종 때에 조성된 것이라고 한다.

숙종 37년(1711)에 운흥사에서 조성된 것이라고 한다.

### 대웅전 동종 – 높이 90센티미터

이 동종은 화엄사 대웅전 안에 보관되어 있으며, 용머리와 몸통을 구부려 종걸이를 만들었고, 그 옆에는 대나무통 모양의 음통이 달려 있다.

몸통의 어깨 부분은 띠장식이 없으며, 곡면으로 처리되었다. 몸통

상단에는 범자가 새겨졌고, 중심부의 네 곳에는 아홉 개의 유두가 돌출된 유곽을 배치하였다. 또한 유곽 사이에는 두광이 있는 보살입상이 조각되어 있다. 몸통의 아랫부분에는 아무런 장식이 없고 다만 한 줄의 가느다란 띠가 몸통을 두르고 있다.

그리고 아래띠 위에는 이 동종의 제작과 관련된 명문이 나열되어 있는데, 그 내용에 의하면 이 동종은 조선 경종 2년(1722) 화순 유마사에서 제작된 것이라고 한다.

### 구층암 동종 – 높이 64센티미터

이 동종은 구층암 법당 뒤쪽 마루에 놓여 있다. 종걸이를 이룬 용의 모습은 여의주를 문 두 마리의 용이 얼굴을 반대로 향하고 있으며, 음통은 만들지 않았다.

몸통의 어깨 부분은 곡면을 이루었고 띠장식은 없이 이곳에 범자무늬를 두르고 있나. 몸통 중간부에는 네 곳에 유곽을 내고 아홉 개의 유두를 돌출시켰으며, 유곽 사이에는 두광을 갖추고 구름 위에 서 있는 4구의 보살입상을 배치하였다.

몸통의 하단부에는 이 종의 제작과 관련된 명문이 새겨져 있는데, 이에 의하면 조선 영조 4년(1728)에 화엄사의 내원암에서 주조하였다고 한다.

# 화엄사의 유물 목록

| 분류 | 유물 명칭 | 위 치 | 제작 시기 | 규격(미터) |
| --- | --- | --- | --- | --- |
| 석조<br>문화재 | 4사자3층석탑 | 각황전 뒤 | 통일신라<br>(8세기 중엽) | 6.7 (높이) |
| | 동3층석탑 | 대웅전 앞 | 통일신라 말기 | 6 |
| | 서3층석탑 | 각황전 앞 | 통일신라 말기 | 6.7 |
| | 원통전 앞 4사자석탑 | 원통전 앞 | 통일신라 말기 | 3.4 |
| | 구층암 3층석탑 | 구층암 앞 | 신라 말 고려 초 | 4 |
| | 구층암 석탑재 | 구층암 동편 | 신라 말 고려 초 | |
| | 대월당탑 | 입구 | 조선 후기 | 1.15 |
| | 양진당탑 | 입구 | 조선 후기 | 1.4 |
| | 응안당탑 | 입구 | 조선 후기 | 1.05 |
| | 보산당탑 | 입구 | 1974년 | 1.5 |
| | 계파당탑 | 입구 | 18세기 중엽 | 1.47 |
| | 진응대사탑 | 입구 | 조선 후기 | 1.2 |
| | 승탑 | 입구 | 조선 후기 | 1.6 |
| | 벽암당탑 | 입구 | 1660년경 | 2 |
| | 환공당탑 | 입구 | 조선 후기 | 1.44 |
| | 동헌대사탑 | 입구 | 1985년 | 2.6 |
| | 이산당탑 | 입구 | 1987년 | 4.4 |
| | 경봉당탑 | 입구 | 조선 후기 | 1.15 |
| | 자운대사탑 | 입구 | 19세기 말엽 | 1.16 |
| | 동월화상탑 | 입구 | 1990년경 | 1.2 |
| | 벽암대선사비 | 인왕문 앞 | 1663년 | 4.2 |
| | 호은대율사비 | 입구 | 1918년 | 2.24 |
| | 금봉당비 | 사천왕문 앞 | 1929년 | 2.65 |
| | 사과공 공덕비 | 사천왕문 앞 | 1930년 | 2 |
| | 이산당 도광선사비 | 입구 | 1987년 | 3.46 |
| | 효대시비 | 인왕문 옆 | 1991년 | 2.3 |
| | 숭정 병자명 암각문 | 입구 | 1667년 | 0.67×0.6 |
| | 화엄석경 조각 | 경내 | 통일신라 9세기 | |
| | 각황전 앞 석등 | 각황전 앞 | 통일신라 9세기 | 6.2 |
| | 4사자3층석탑 앞 석등 | 각황전 뒤편 | 통일신라 8세기 | 2.8 |

| 분류 | 유물 명칭 | 위 치 | 제작 시기 | 규격(미터) |
|---|---|---|---|---|
| 석조 문화재 | 구층암 석등 | 구층암 | 고려 초 | 2.25 |
| | 당간지주 | 보제루 옆 | 조선시대 | 2.9 |
| | 석조 | 요사채 | 1927년 | 1.74×1.35 |
| | 구층암 석조 | 구층암 | 조선 후기 | 1.4×1.13 |
| | 맷돌 | 요사채 | 조선 후기 | 1.07×1.9 |
| 불상 조각 | 대웅전 삼존불상(3구) | 대웅전 | 조선, 17세기 초 | 2.8(중앙) |
| | 각황전 | 각황전 | 1703년 | 3.6(중앙) |
| | 칠존불보살상(7구) | | | |
| | 원통전 관음보살좌상 | 원통전 | 조선 후기 | 1.12 |
| | 명부전 지장보살좌상 | 명부전 | 조선, 17세기 초 | 1.4 |
| | 구층암 아미타여래좌상 | 구층암 | 조선 후기 | 0.8 |
| | 사천왕상(4구) | 천왕문 | 조선 후기 | 3.8 |
| | 동자상(2구) | 인왕문 | 조선 후기 | 2.7 |
| | 인왕상(2구) | 인왕문 | 조선 후기 | 3 |
| 불교 회화 | 괘불 | 대웅전 | 1663년 | 12×8.1 |
| | 삼신불회도 | 대웅전 | 1757년 | 4.33×2.95 |
| | 신중탱화 | 대웅전 | 1965년 | 2.41×1.61 |
| | 삼불회도 | 각황전 | 1860년 | 4.0×6.9 |
| | 신중탱화 | 각황전 | 1966년 | 3.4×2.35 |
| | 응봉당 대화상 진영 | 수장고 | 1931년 | 0.83×55.5 |
| | 지장보살탱화 | 명부전 | 1862년 | 1.96×21.6 |
| | 시왕탱화 | 명부전 | 1862년 | 1.93×2.2 |
| | 관음보살탱화 | 원통전 | 20세기 중엽 | |
| | 산신탱화 | 원통전 | 1897년 | 1.34×1.0 |
| | 독성탱화 | 원통전 | 1897년 | 1.31×1.24 |
| | 칠성탱화 | 원통전 | 1897년 | 1.77×2.72 |
| | 구층암 아마타불탱화 | 구층암 | 1866년 | 2.2×1.9 |
| 공예 | 대웅전 동종 | 대웅전 | 1772년 | 0.92(높이) |
| | 구층암 동종 | 구층암 | 1728년 | 0.65 |
| | 보물장 동종 | 수장고 | 고려 후기 | 0.15 |
| | 종루 동종 | 종루 | 1711년 | 1.24 |
| | 청동 정병 | 수장고 | 조선시대 | 0.22 |

전라남북도와 경상남도의 경계를 이루는 거대한 지리산 지역의 동남쪽에는 해발 1,507미터의 노고단이 솟아 있고 화엄사는 노고단의 산자락 아래편에 자리잡고 있다. 서울에서 화엄사를 가려면 호남고속도로를 이용하여 전주까지 내려와서 17번 국도를 타고 남원으로 와야 한다. 여기서 다시 19번 국도로 내려와서 구례를 지나 화엄사 입구를 가리키는 삼거리에 다다르면 왼편으로 꺾이는 18번 국도를 이용하여 종점에 도착하게 되는데 여기서부터 화엄사의 탐방길이 시작된다.

기차를 이용하면 전라선을 타고 구례역에 내려 버스로 화엄사까지 올 수 있으며, 구례시외버스터미널에서도 화엄사 가는 버스가 자주 있다. 또한 하동이나 화개 지역에서도 화엄사로 오는 버스가 자주 있어 대체로 화엄사의 교통편은 수월한 편이라고 할 수 있다.

또한 화엄사 주변에는 아름답고 장엄한 불교 회화를 간직한 천은사와 조선 말기의 유학자 매천 황현의 사당, 조선시대의 아름다운 누각 운조루, 정유재란 때 의병을 일으켜 항쟁하다 순절한 일곱 의사의 무덤과 제단이 있는 석부관, 통일신라 말기의 빼어난 조형미를 간직한 승탑과 탑비가 있는 연곡사, 최치원의 친필 석비가 남아 있는 쌍계사, 구들에 한 번 불을 넣으면 석 달 동안이나 따뜻하다는 아자방(亞字房)으로 유명한 칠불암 등 많은 유적지가 있어 화엄사에 갈 때는 일정을 넉넉히 잡아 주변의 유적도 탐방하고 여기에 지리산 등반까지 곁들이면 좋은 여행길이 될 것이다.

주소: 전라남도 구례군 마산면 황전리 12번지
전화: 061－782－6700

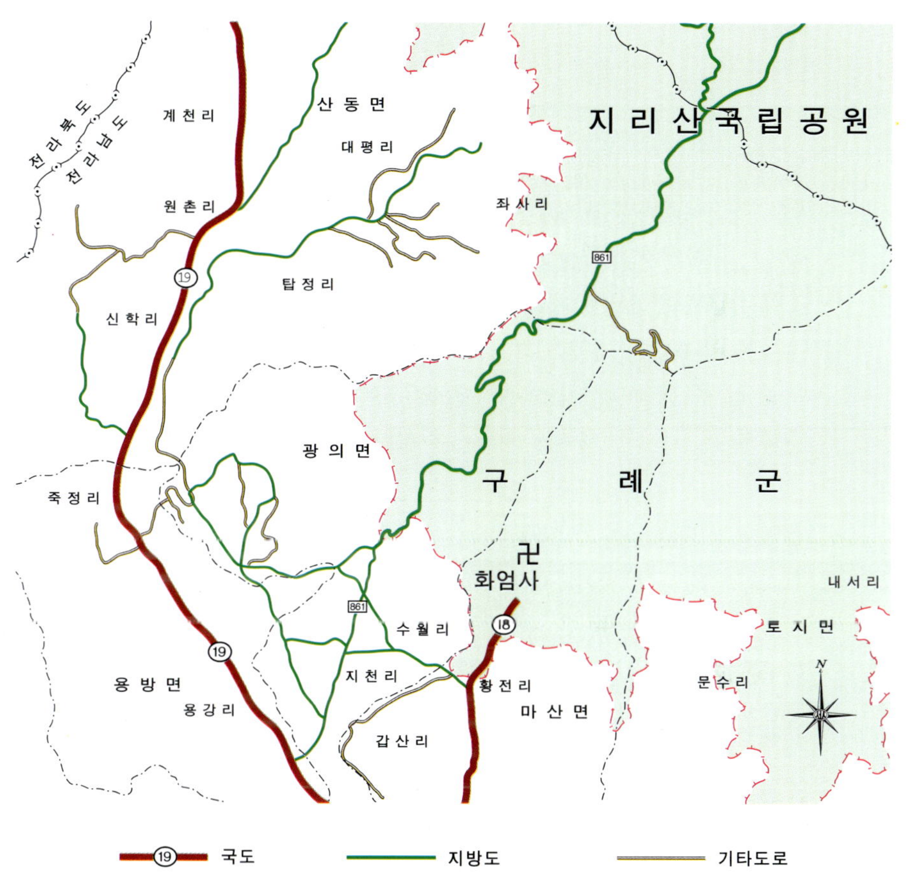

지리산국립공원
전라북도
전라남도
계천리
산동면
대평리
원촌리
좌사리
신학리
탑정리
861
19
죽정리
광의면
구
례
군
화엄사
선
내서리
861
토시면
수월리
18
용방면
지천리
황전리
문수리
용강리
마산면
갑산리
N
19
국도
지방도
기타도로

# 참고 문헌


## 연혁

『신증동국여지승람(新增東國輿地勝覽)』, 1530

이능화, 『조선불교통사(朝鮮佛敎通史)』, 1918

정만우, 『해동 호남도 지리산 대화엄사사적(海東湖南道智異山大華嚴寺事蹟)』, 1924

정병삼, 『의상 화엄사상 연구』, 1998

중관 해안, 『호남도구례현대화엄사사적(湖南道求禮懸智異山大華嚴寺事蹟)』(1636판)

최완수, 『명찰순례』 2, 1994

최치원, 「최문창후전집(崔文昌侯全集)」, 『조선금석총람(朝鮮金石總覽)』, 1919

한국불교연구원, 한국의 사찰 『화엄사』, 일지사, 1976

신영훈·정명호, 「화엄경 석경 조사정리약보(華嚴經石經調査整理略報)」, 『고고미술(考古美術)』 6-9, 1965

의천, 「대각국사문집(大覺國師文集)」, 『한국불교전서』 4

──, 「원종문류(圓宗文類)」, 『한국불교전서』 4

황수영, 「신라 백지묵서 화엄경(新羅白紙墨書華嚴經)」, 『미술자료(美術資料)』 24, 1979

## 건축

김봉렬, 『한국건축의 재발견(3)―이 땅에 새겨진 정신』, 이상건축, 1999

문화공보부 문화재관리국, 『구례 화엄사 실측조사보고서』, 1986

藤島亥治郎, 朝鮮建築史論 (其五), 『建築雜誌』, 昭和五年八月

中觀海眼, 『華嚴佛國寺事蹟』

한국불교연구원, 한국의 사찰『화엄사』, 일지사, 1976

김봉렬, 「조선시대 사찰건축의 전각구성과 배치형식 연구」, 서울대학교 대학원 (박사학위논문), 1989

김홍식, 「구례 화엄사 가람배치의 미학사적 변천에 관한 연구(시론)」, 『건축학논총』, 무애 이광노 교수 정년 퇴임 기념논총 간행위원회, 1993

이강근, 「화엄사 불전의 재건과 장엄에 관한 연구」, 『불교미술』 제14집, 동국대학교 박물관, 1997


**유물**

『구례속지』

국립목포대학박물관, 『구례군의 문화유적』, 1994

『봉성지』

불교문화연구소, 『해동호남도 구례현 지리산 대화엄사사적』, 1967

『신증동국여지승람』

이능화, 『조선불교통사』, 신문관, 1918

조선총독부, 『조선금석총람』, 1919

─────, 『조선사찰사료』, 1911

한국불교문화연구원, 한국의 사찰『화엄사』, 일지사, 1976

이은철, 「사자석탑의 기원과 건립 배경」, 청람사학 3, 한국교원대학교 청람사학회, 2000

황수영, 「신라 백지묵서 화엄경」, 역사학보 83, 1979

**빛깔있는 책들 103-45**

# 화엄사

| | |
|---|---|
| 글 | —정병삼, 김봉렬, 소재구 |
| 사진 | —손재식 |

| | |
|---|---|
| 발행인 | —장세우 |
| 발행처 | —주식회사 대원사 |

| | |
|---|---|
| 기획·편집 | —김옥자, 박상미, 최명지, 김민정 |
| 미술 | —강미옥, 위명자, 이은경 |
| 총무 | —이훈, 이규헌, 강승찬 |
| 영업 | —김기태, 강승일, 강미영, 이광복, 한은영 |
| 이사 | —이명훈 |

| | |
|---|---|
| 첫판 1쇄 | —2000년 8월 20일 발행 |
| 첫판 2쇄 | —2005년 5월 31일 발행 |

주식회사 대원사
우편번호/140-901
서울 용산구 후암동 358-17
전화번호/(02) 757-6717~9
팩시밀리/(02) 775-8043
등록번호/제 3-191호
http://www.daewonsa.co.kr

이 책에 실린 글과 그림은, 저자와 주식회사 대원사의 동의가 없이는 아무도 이용하실 수 없습니다.

잘못된 책은 책방에서 바꿔 드립니다.

값 13,000원

Daewonsa Publishing Co., Ltd.
Printed in Korea(2000)

ISBN 89-369-0241-5 04220

# 빛깔있는 책들

## 민속(분류번호 : 101)

| | | | | |
|---|---|---|---|---|
| 1 짚문화 | 2 유기 | 3 소반 | 4 민속놀이(개정판) | 5 전통 매듭 |
| 6 전통 자수 | 7 복식 | 8 팔도 굿 | 9 제주 성읍 마을 | 10 조상 제례 |
| 11 한국의 배 | 12 한국의 춤 | 13 전통 부채 | 14 우리 옛악기 | 15 솟대 |
| 16 전통 상례 | 17 농기구 | 18 옛다리 | 19 장승과 벅수 | 106 옹기 |
| 111 풀문화 | 112 한국의 무속 | 120 탈춤 | 121 동신당 | 129 안동 하회 마을 |
| 140 풍수지리 | 149 탈 | 158 서낭당 | 159 전통 목가구 | 165 전통 문양 |
| 169 옛 안경과 안경집 | 187 종이 공예 문화 | 195 한국의 부엌 | 201 전통 옷감 | 209 한국의 화폐 |
| 210 한국의 풍어제 | | | | |

## 고미술(분류번호 : 102)

| | | | | |
|---|---|---|---|---|
| 20 한옥의 조형 | 21 꽃담 | 22 문방사우 | 23 고인쇄 | 24 수원 화성 |
| 25 한국의 정자 | 26 벼루 | 27 조선 기와 | 28 안압지 | 29 한국의 옛 조경 |
| 30 전각 | 31 분청사기 | 32 창덕궁 | 33 장석과 자물쇠 | 34 종묘와 사직 |
| 35 비원 | 36 옛책 | 37 고분 | 38 서양 고지도와 한국 | 39 단청 |
| 102 창경궁 | 103 한국의 누 | 104 조선 백자 | 107 한국의 궁궐 | 108 덕수궁 |
| 109 한국의 성곽 | 113 한국의 서원 | 116 토우 | 122 옛기와 | 125 고분 유물 |
| 136 석등 | 147 민화 | 152 북한산성 | 164 풍속화(하나) | 167 궁중 유물(하나) |
| 168 궁중 유물(둘) | 176 전통 과학 건축 | 177 풍속화(둘) | 198 옛 궁궐 그림 | 200 고려 청자 |
| 216 산신도 | 219 경복궁 | 222 서원 건축 | 225 한국의 암각화 | 226 우리 옛 도자기 |
| 227 옛 전돌 | 229 우리 옛 질그릇 | 232 소쇄원 | 235 한국의 향교 | 239 청동기 문화 |
| 243 한국의 황제 | 245 한국의 읍성 | 248 전통 장신구 | 250 전통 남자 장신구 | |

## 불교 문화(분류번호 : 103)

| | | | | |
|---|---|---|---|---|
| 40 불상 | 41 사원 건축 | 42 범종 | 43 석불 | 44 옛절터 |
| 45 경주 남산(하나) | 46 경주 남산(둘) | 47 석탑 | 48 사리구 | 49 요사채 |
| 50 불화 | 51 괘불 | 52 신장상 | 53 보살상 | 54 사경 |
| 55 불교 목공예 | 56 부도 | 57 불화 그리기 | 58 고승 진영 | 59 미륵불 |
| 101 마애불 | 110 통도사 | 117 영산재 | 119 지옥도 | 123 산사의 하루 |
| 124 반가사유상 | 127 불국사 | 132 금동불 | 135 만다라 | 145 해인사 |
| 150 송광사 | 154 범어사 | 155 대흥사 | 156 법주사 | 157 운주사 |
| 171 부석사 | 178 철불 | 180 불교 의식구 | 220 전탑 | 221 마곡사 |
| 230 갑사와 동학사 | 236 선암사 | 237 금산사 | 240 수덕사 | 241 화엄사 |
| 244 다비와 사리 | 249 선운사 | 255 한국의 가사 | | |

## 음식 일반(분류번호 : 201)

| | | | | |
|---|---|---|---|---|
| 60 전통 음식 | 61 팔도 음식 | 62 떡과 과자 | 63 겨울 음식 | 64 봄가을 음식 |
| 65 여름 음식 | 66 명절 음식 | 166 궁중음식과 서울음식 | | 207 통과 의례 음식 |
| 214 제주도 음식 | 215 김치 | 253 장醬 | | |

## 건강 식품(분류번호 : 202)

105 민간 요법  181 전통 건강 음료

## 즐거운 생활(분류번호 : 203)

67 다도  68 서예  69 도예  70 동양란 가꾸기  71 분재
72 수석  73 칵테일  74 인테리어 디자인  75 낚시  76 봄가을 한복
77 겨울 한복  78 여름 한복  79 집 꾸미기  80 방과 부엌 꾸미기  81 거실 꾸미기
82 색지 공예  83 신비의 우주  84 실내 원예  85 오디오  114 관상학
115 수상학  134 애견 기르기  138 한국 춘란 가꾸기  139 사진 입문  172 현대 무용 감상법
179 오페라 감상법  192 연극 감상법  193 발레 감상법  205 쪽물들이기  211 뮤지컬 감상법
213 풍경 사진 입문  223 서양 고전음악 감상법  251 와인  254 전통주

## 건강 생활(분류번호 : 204)

86 요가  87 볼링  88 골프  89 생활 체조  90 5분 체조
91 기공  92 태극권  133 단전 호흡  162 택견  199 태권도
247 씨름

## 한국의 자연(분류번호 : 301)

93 집에서 기르는 야생화  94 약이 되는 야생초  95 약용 식물  96 한국의 동굴
97 한국의 텃새  98 한국의 철새  99 한강  100 한국의 곤충  118 고산 식물
126 한국의 호수  128 민물고기  137 야생 동물  141 북한산  142 지리산
143 한라산  144 설악산  151 한국의 토종개  153 강화도  173 속리산
174 울릉도  175 소나무  182 독도  183 오대산  184 한국의 자생란
186 계룡산  188 쉽게 구할 수 있는 염료 식물  189 한국의 외래 · 귀화 식물
190 백두산  197 화석  202 월출산  203 해양 생물  206 한국의 버섯
208 한국의 약수  212 주왕산  217 홍도와 흑산도  218 한국의 갯벌  224 한국의 나비
233 동강  234 대나무  238 한국의 샘물  246 백두고원

## 미술 일반(분류번호 : 401)

130 한국화 감상법  131 서양화 감상법  146 문자도  148 추상화 감상법  160 중국화 감상법
161 행위 예술 감상법  163 민화 그리기  170 설치 미술 감상법  185 판화 감상법
191 근대 수묵 채색화 감상법  194 옛 그림 감상법  196 근대 유화 감상법  204 무대 미술 감상법
228 서예 감상법  231 일본화 감상법  242 사군자 감상법

## 역사(분류번호 : 501)

252 신문